Asiya Mətbəxinin Ən Ləzzətli Yemək Reseptləri

Şərqin mədəniyyətini və ən dadlı yeməklərini tanıyın

Farida Abbasova

Mündəricat

Giriş 10
  Bambuk tumurcuqları ilə toyuq 11
  Buxarlanmış vetçina 12
  Kələm ilə pastırma 13
  Badamlı toyuq 14
  Badam və şabalıd ilə toyuq 16
  Badam və tərəvəz ilə toyuq 17
  Anis toyuq 18
  Ərikli toyuq 20
  Qulançar ilə toyuq 21
  Badımcan ilə toyuq 22
  Bekonla bükülmüş toyuq 23
  Lobya cücərtiləri ilə toyuq 24
  Qara lobya sousu ilə toyuq 25
  Brokoli ilə toyuq 26
  Kələm və qoz-fındıq ilə toyuq 27
  Anakardiya ilə toyuq 28
  Şabalıd ilə toyuq 29
  İsti bibərli toyuq 30
  Çili ilə qızardılmış toyuq 32
  Suey toyuq pirzolası 33
  Toyuq Chow Mein 35
  Xırtıldayan qızardılmış ədviyyatlı toyuq 36
  Xiyar ilə qızardılmış toyuq 38
  Chilli-Toyuq köri 39
  Çin toyuq köri 40
  Sürətli Curry Toyuq 41
  Kartof ilə kari toyuq 42
  Dərin qızardılmış toyuq ayaqları 43
  Karri sousu ilə qızardılmış toyuq 44
  Sərxoş toyuq 45
  Yumurta ilə dadlı toyuq 46

Toyuq yumurta rulonları	48
Yumurta ilə qızardılmış toyuq	50
Uzaq Şərq toyuq	52
Toyuq Foo Yung	53
Ham və Toyuq Foo Yung	54
Zəncəfil ilə dərin qızardılmış toyuq	55
Zəncəfilli toyuq	56
Göbələk və şabalıd ilə zəncəfil toyuq	57
Qızıl Toyuq	58
Marine edilmiş qızılı toyuq güveç	59
Qızıl sikkə	60
Buxarda bişmiş vetçina ilə toyuq	62
Hoisin sousu ilə toyuq	62
Ballı Toyuq	64
Kung Pao Toyuq	64
Pırasa ilə toyuq	65
Limonlu toyuq	66
Limonlu toyuq qızardın	68
Bambuk tumurcuqları ilə toyuq qaraciyəri	69
Dərin qızardılmış toyuq qaraciyəri	70
Mangetout ilə toyuq qaraciyəri	71
Əriştə pancake ilə toyuq qaraciyəri	72
İstiridyə sousu ilə toyuq qaraciyəri	73
Ananas ilə toyuq qaraciyəri	74
Şirin və turş toyuq qaraciyəri	75
Liçi ilə toyuq	76
Liçi sousu ilə toyuq	77
Mangetout ilə toyuq	78
Manqo ilə toyuq	79
Toyuq dolması qovun	80
Toyuq və göbələkləri qarışdırın	81
Göbələk və qoz-fındıq ilə toyuq	82
Göbələk ilə qızardılmış toyuq	84
Göbələk ilə buxarlanmış toyuq	85
Soğan ilə toyuq	86
Portağal və limonlu toyuq	87

İstiridyə sousu ilə toyuq 88
Toyuq paketləri 89
Fındıq ilə toyuq 90
Fıstıq yağı ilə toyuq 91
Lobya ilə toyuq 92
Pekin toyuq 93
Paprika ilə toyuq 94
Paprika ilə qızardılmış toyuq 96
Toyuq və ananas 98
Ananas və liçi ilə toyuq 99
Donuz əti ilə toyuq 100
Kartof ilə qızardılmış toyuq 101
Kartof ilə beş ədviyyatlı toyuq 102
Qırmızı qaynadılmış toyuq 103
Toyuq göbələkləri 104
Dadlı toyuq 104
Küncüt yağında toyuq 105
Şeri toyuq 106
Soya sousu ilə toyuq 107
Acılı bişmiş toyuq 108
İspanaqlı toyuq 109
Toyuq bulyonu 110
Balıq ilə buxarlanmış yumurta 112
Vetçina və balıq ilə buxarlanmış yumurta 113
Donuz əti ilə buxarlanmış yumurta 114
Dərin qızardılmış donuz yumurtası 115
Soya sousu Qızardılmış yumurta 116
Yarım ay yumurta 117
Tərəvəz ilə qızardılmış yumurta 118
Çin omleti 119
Lobya cücərtiləri ilə Çin omleti 120
Gül kələm omleti 121
Qəhvəyi souslu cır omleti 122
Vetçina və şabalıd ilə omlet 123
Xərçəng ilə omlet 124
Oyster omleti 125

Karides ilə omlet 126
Tərəzi ilə omlet 127
Tofu ilə omlet 128
Donuz əti ilə doldurulmuş omlet 129
Karideslə doldurulmuş omlet 130
Toyuq doldurulması ilə buxarlanmış omlet rulonları ... 131
Oster pancake 132
Karides pancake 133
Çin pişmiş yumurta 134
Balıq ilə qaynadılmış yumurta 135
Göbələk ilə qaynadılmış yumurta 136
İstiridyə sousu ilə qaynadılmış yumurta 137
Donuz əti ilə qaynadılmış yumurta 138
Donuz əti və karides ilə qaynadılmış yumurta 139
İspanaq ilə qaynadılmış yumurta 140
Soğan ilə qaynadılmış yumurta 141
Pomidor ilə bişmiş yumurta 142
Tərəvəz ilə bişmiş yumurta 143
Toyuq sufləsi 144
Crab sufle 145
Crab və zəncəfil sufle 146
Balıq sufləsi 147
Karidesli sufle 148
Lobya cücərtiləri ilə karides sufle 149
Tərəvəz sufləsi 150
Yumurta Fu Yung 151
Dərin qızardılmış yumurta Foo Yung 152
Göbələk ilə Crab Fu Yung 153
Ham Yumurta Fu Yung 154
Qızardılmış Donuz Yumurtası Foo Yung 155
Donuz əti və karides yumurtası Foo Yung 155
ağ düyü 156
Qaynadılmış qəhvəyi düyü 157
Mal əti ilə düyü 157
Toyuq qaraciyəri düyü 158
Toyuq və göbələk düyü 159

kokoslu düyü 160
Crab ətli düyü 161
Lobya ilə düyü 162
Bibərli düyü 163
Qaynadılmış Yumurtalı Düyü 164
Sinqapur tipli düyü 165
Yavaş qayıq düyü 166
Fırında buxarlanmış düyü 167
Qızardılmış düyü 168
Badamlı qızardılmış düyü 169
Donuz və yumurta ilə qızardılmış düyü 170
Mal əti qızardılmış düyü 171
Kıyılmış mal əti ilə qızardılmış düyü 172
Mal əti və soğan ilə qızardılmış düyü 173
Toyuq qızardılmış düyü 174
Ördək qızardılmış düyü 175
Jambonlu düyü 176
Bulyon ilə hisə verilmiş vetçina düyü 177
Donuz əti Qızardılmış düyü 178
Donuz əti və krevetli qızardılmış düyü 179
Karidesli qızardılmış düyü 180
Qızardılmış düyü və lobya 181
Somon qızardılmış düyü 182
Xüsusi qızardılmış düyü 183
On qiymətli düyü 184
Qızardılmış tuna düyü 185
Qaynadılmış yumurta əriştə 186
Buxarlanmış yumurta əriştə 187
Əriştə atın 187
Qızardılmış əriştə 188
Yumşaq qızardılmış əriştə 189
Qızardılmış əriştə 190
Soyuq əriştə 191
Əriştə səbətləri 192
Əriştə pancake 193
Qızardılmış əriştə 194

Mal əti əriştəsi 196
Toyuq ilə əriştə 197
Crab əti ilə əriştə 198
Karri sousunda əriştə 199
Dan-Dan əriştəsi 200
Yumurta sousu ilə əriştə 201
Zəncəfil və soğan əriştəsi 201
İsti və turş əriştə 202
Ət sousunda əriştə 203
Qızardılmış yumurta ilə əriştə 205
Donuz əti və tərəvəz ilə əriştə 206
Kıyılmış donuz əti ilə şəffaf əriştə 207
Yumurta qabığı 208
Bişmiş yumurta qabığı 209
Çin pancake 210
Wonton Skins 211
İstiridye ilə qulançar 213
Yumurta sousu ilə qulançar 214

Giriş

Bişirməyi sevən hər kəs yeni yeməklər və yeni dadlarla sınaqdan keçirməyi sevir. Asiya mətbəxi son illərdə son dərəcə populyarlaşdı, çünki zövq almaq üçün müxtəlif ləzzətlər təklif edir. Əksər yeməklər sobanın üstündə bişirilir və bir çoxu tez hazırlanır və bişirilir ki, bu, vaxt qısa olanda doyumlu və cəlbedici yeməklər hazırlamaq istəyən məşğul aşpaz üçün idealdır. Əgər həqiqətən Uzaq Şərq mətbəxinə həvəsiniz varsa, yəqin ki, artıq bir wok sahibi olacaqsınız və bu, kitabdakı yeməklərin əksəriyyətini bişirmək üçün mükəmməl bir qabdır. Bu yemək tərzinin sizin üçün olduğuna hələ də əmin deyilsinizsə, reseptləri sınamaq üçün yaxşı tava və ya qazandan istifadə edin. Onların hazırlanmasının nə qədər asan olduğunu və yeməklərinin nə qədər dadlı olduğunu öyrəndikdə,

Bambuk tumurcuqları ilə toyuq

4 xidmət edir

45 ml/3 xörək qaşığı fıstıq yağı

1 diş sarımsaq, sıxılmış

1 baş soğan (soğan), doğranmış

1 dilim zəncəfil kökü, doğranmışdır

225 q/8 oz toyuq göğsü, dilimlərə kəsilmiş

225 q/8 unsiya bambuk tumurcuqları, dilimlənmiş

45 ml/3 xörək qaşığı soya sousu

15 ml/1 xörək qaşığı düyü şərabı və ya quru şeri

5 ml/1 çay qaşığı qarğıdalı unu (qarğıdalı nişastası)

Yağı qızdırın və sarımsağı, soğanı və zəncəfili yüngülcə qızarana qədər qızardın. Toyuq əlavə edin və 5 dəqiqə qızardın. Bambuk tumurcuqlarını əlavə edin və 2 dəqiqə qarışdırın. Soya sousu, şərab və ya şeri və qarğıdalı unu ilə qarışdırın və toyuq hazır olana qədər təxminən 3 dəqiqə qızardın.

Buxarlanmış vetçina

6-8 üçün

900 q/2 funt təzə vetçina
30 ml/2 xörək qaşığı qəhvəyi şəkər
60 ml/4 xörək qaşığı düyü şərabı və ya quru şeri

Vetçinanı istiliyədavamlı bir qaba bir rəfdə qoyun, örtün və təxminən 1 saat qaynar su üzərində buxarlayın. Yeməyə şəkər və şərab və ya şeri əlavə edin, örtün və daha 1 saat və ya vetçina bişənə qədər buxarlayın. Dilimləməzdən əvvəl qabda soyumağa buraxın.

Kələm ilə pastırma

4 xidmət edir

4 zolaqlı pastırma, kəsilmiş və doğranmışdır
2,5 ml/½ çay qaşığı duz
1 dilim zəncəfil kökü, doğranmışdır
½ kələm, doğranmışdır
75 ml/5 xörək qaşığı toyuq bulyonu
15 ml/1 xörək qaşığı istiridyə sousu

Bekonu xırtıldayana qədər qızardın, sonra tavadan çıxarın. Duz və zəncəfil əlavə edib 2 dəqiqə qarışdırın. Kələmi əlavə edin və yaxşıca qarışdırın, sonra donuz əti ilə qarışdırın və bulyonu əlavə edin, örtün və kələm yumşaq, lakin yenə də bir qədər xırtıldayana qədər təxminən 5 dəqiqə qaynatın. İstiridyə sousunu qarışdırın, örtün və xidmət etməzdən əvvəl 1 dəqiqə qaynatın.

Badamlı toyuq

4-6 üçün

375 ml/13 fl oz/1½ fincan toyuq bulyonu

60 ml/4 xörək qaşığı düyü şərabı və ya quru şeri

45 ml/3 xörək qaşığı qarğıdalı unu (qarğıdalı nişastası)

15 ml/1 xörək qaşığı soya sousu

4 toyuq döşü

1 yumurta ağı

2,5 ml/½ çay qaşığı duz

dərin qızartmaq üçün yağ

75 q/3 oz/½ fincan ağardılmış badam

1 böyük yerkökü, doğranmışdır

5 ml/1 ç.q. sürtgəcdən keçirilmiş zəncəfil kökü

6 baş soğan (yağ soğan), dilimlənmiş

3 sap kərəviz, dilimlənmiş

100 q/4 unsiya dilimlənmiş göbələk

100 q/4 unsiya bambuk tumurcuqları, dilimlənmiş

Bulyonu, şərabın və ya şerinin yarısını, 30 ml/2 xörək qaşığı qarğıdalı unu və soya sousunu bir qazanda qarışdırın. Bir qaynağa gətirin, qarışdırın və qarışıq qalınlaşana qədər 5 dəqiqə bişirin. İstidən çıxarın və isti saxlayın.

Toyuqdan dəri və sümükləri çıxarın və 2,5 sm/1 hissəyə kəsin. Şərab və ya şerinin qalan hissəsini qarğıdalı unu, yumurta ağı və duz ilə qarışdırın, toyuq parçalarını əlavə edin və yaxşıca qarışdırın. Yağı qızdırın və toyuq parçalarını bir neçə dəfə təxminən 5 dəqiqə qızılı rəng alana qədər qızardın. Yaxşı süzün. Tavadan 30 ml/2 xörək qaşığı yağdan başqa hamısını çıxarın və badamları qızılı rəng alana qədər 2 dəqiqə qızardın. Yaxşı süzün. Tavaya yerkökü və zəncəfil əlavə edin və 1 dəqiqə qarışdırın. Qalan tərəvəzləri əlavə edin və tərəvəzlər yumşaq, lakin hələ də xırtıldayan qədər təxminən 3 dəqiqə qızardın. Toyuq və badamı yenidən souslu tavaya qoyun və bişənə qədər bir neçə dəqiqə zəif odda qarışdırın.

Badam və şabalıd ilə toyuq

4 xidmət edir

6 qurudulmuş Çin göbələyi
4 toyuq parçası, sümüklü
100 q/4 unsiya üyüdülmüş badam
duz və təzə yer bibəri
60 ml/4 xörək qaşığı fıstıq yağı
100 q/4 unsiya su şabalıdı, dilimlənmiş
75 ml/5 xörək qaşığı toyuq bulyonu
30 ml/2 xörək qaşığı soya sousu

Göbələkləri 30 dəqiqə isti suda isladın və sonra yuyun. Sapları atın və qapaqları kəsin. Toyuq ətini incə doğrayın. Badamları bolca duz və istiotla səpin və toyuq dilimlərini badamla örtün. Yağı qızdırın və toyuqları açıq qəhvəyi olana qədər qızardın. Göbələkləri, su şabalıdını, bulyonu və soya sousunu əlavə edin, bir qaynadək gətirin, örtün və toyuq bişənə qədər bir neçə dəqiqə bişirin.

Badam və tərəvəz ilə toyuq

4 xidmət edir

75 ml/5 xörək qaşığı fıstıq yağı

4 dilim zəncəfil kökü, doğranmışdır

5 ml/1 çay qaşığı duz

100 q/4 unsiya Çin kələmi, doğranmışdır

50 q/2 unsiya bambuk tumurcuqları, doğranmışdır

50 q/2 unsiya göbələk, doğranmış

2 sap kərəviz, doğranmışdır

3 su şabalıdı, doğranmışdır

120 ml/4 fl oz/½ fincan toyuq bulyonu

225 q/8 unsiya toyuq döşü, doğranmış

15 ml/1 xörək qaşığı düyü şərabı və ya quru şeri

50 q/2 unsiya mangetout (qar noxud)

100 q/4 unsiya qabıqlı badam, qızardılmış

10 ml/2 çay qaşığı qarğıdalı unu (qarğıdalı nişastası)

15 ml/1 xörək qaşığı su

Yağın yarısını qızdırın və zəncəfil və duzu 30 saniyə qarışdırın. Kələm, bambuk tumurcuqları, göbələk, kərəviz və su şabalıdı əlavə edin və 2 dəqiqə qızardın. Bulyonu əlavə edin, bir qaynadək gətirin, örtün və 2 dəqiqə qaynatın. Tərəvəzləri və sousu tavadan çıxarın. Qalan yağı qızdırın və toyuqları 1 dəqiqə qızardın. Şərab və ya şeri əlavə edin və 1 dəqiqə qızardın. Tərəvəzləri badamla birlikdə tavaya qaytarın və 30 saniyə qaynadın. Qarğıdalı unu və suyu bir xəmirə qarışdırın, sousun içinə qarışdırın və sous qalınlaşana qədər qarışdıraraq bişirin.

Anis toyuq

4 xidmət edir

75 ml/5 xörək qaşığı fıstıq yağı

2 soğan, doğranmış

1 diş sarımsaq, doğranmışdır

2 dilim zəncəfil kökü, doğranmışdır

15 ml/1 xörək qaşığı adi (bütün təyinatlı) un

30 ml/2 xörək qaşığı köri tozu

450 q/1 lb toyuq, doğranmış

15 ml/1 xörək qaşığı şəkər

30 ml/2 xörək qaşığı soya sousu

450 ml/¾ pt/2 stəkan toyuq bulyonu

2 mixək ulduz anis

225 q/8 unsiya kartof, dilimlərə kəsilmiş

Yağın yarısını qızdırın və soğanı açıq qəhvəyi olana qədər qızardın və tavadan çıxarın. Qalan yağı qızdırın və sarımsağı və zəncəfili 30 saniyə qızardın. Un və köri tozunu qarışdırın və 2 dəqiqə bişirin. Soğanı tavaya qaytarın, toyuq əlavə edin və 3 dəqiqə qızardın. Şəkər, soya sousu, bulyon və razyana əlavə edin, bir qaynadək gətirin, örtün və 15 dəqiqə bişirin. Kartofu əlavə edin, yenidən qaynadək gətirin, örtün və bişənə qədər daha 20 dəqiqə bişirin.

Ərikli toyuq

4 xidmət edir

4 ədəd toyuq

duz və təzə yer bibəri

bir çimdik üyüdülmüş zəncəfil

60 ml/4 xörək qaşığı fıstıq yağı

225 q/8 unsiya konservləşdirilmiş ərik, yarıya bölünmüş

300 ml/½ pkt/1¼ fincan şirin və turş sous

30 ml/2 xörək qaşığı qabıqlı badam, qızardılmış

Toyuq ətini duz, istiot və zəncəfil ilə səpin. Yağı qızdırın və toyuqları açıq qəhvəyi olana qədər qızardın. Üzərini örtün və arasıra çevirərək bişənə qədər təxminən 20 dəqiqə bişirin. Yağı boşaltın. Ərikləri və sousu tavaya əlavə edin, bir qaynadək gətirin, örtün və təxminən 5 dəqiqə və ya bişənə qədər yumşaq bir şəkildə bişirin. Üzərini qabıqlı badamla bəzəyin.

Qulançar ilə toyuq

4 xidmət edir

45 ml/3 xörək qaşığı fıstıq yağı

5 ml/1 çay qaşığı duz

1 diş sarımsaq, sıxılmış

1 baş soğan (soğan), doğranmış

1 toyuq göğsü, dilimlərə kəsilir

30 ml/2 xörək qaşığı qara lobya sousu

350 q/12 unsiya qulançar, 2,5 sm/1 hissəyə kəsilmiş

120 ml/4 fl oz/½ fincan toyuq bulyonu

5 ml/1 ç.q şəkər

15 ml/1 xörək qaşığı qarğıdalı unu (qarğıdalı nişastası)

45 ml/3 xörək qaşığı su

Yağın yarısını qızdırın və duzu, sarımsağı və soğanı açıq qəhvəyi olana qədər qovurun. Toyuq əlavə edin və yüngül rəng alana qədər qızardın. Qara lobya sousunu əlavə edin və toyuq ətini örtmək üçün qarışdırın. Qulançar, bulyon və şəkər əlavə edin, bir qaynadək gətirin, örtün və toyuq yumşaq olana qədər 5 dəqiqə bişirin. Qarğıdalı unu və suyu bir pasta halına salın, tavaya qarışdırın və sous təmizlənənə və qalınlaşana qədər qarışdıraraq qaynamağa icazə verin.

Badımcan ilə toyuq

4 xidmət edir

225 q/8 oz toyuq, dilimlənmiş
15 ml/1 xörək qaşığı soya sousu
15 ml/1 xörək qaşığı düyü şərabı və ya quru şeri
15 ml/1 xörək qaşığı qarğıdalı unu (qarğıdalı nişastası)
1 badımcan, soyulmuş və zolaqlara kəsilmişdir
30 ml/2 xörək qaşığı fıstıq yağı
2 quru qırmızı bibər
2 diş sarımsaq, əzilmiş
75 ml/5 xörək qaşığı toyuq bulyonu

Toyuqu bir qaba qoyun. Soya sousunu, şərabı və ya şeri və qarğıdalı unu qarışdırın, toyuğa qarışdırın və 30 dəqiqə dayanmasına icazə verin. Badımcanlar 3 dəqiqə qaynar suda yuyulur və sonra yaxşıca yuyulur. Yağı qızdırın və bibərlər qaralana qədər qızardın, onları çıxarın və atın. Sarımsaq və toyuq əlavə edin və yüngül rəng alana qədər qarışdırın. Bulyonu və badımcanı əlavə edin, bir qaynadək gətirin, örtün və arabir qarışdıraraq 3 dəqiqə bişirin.

Bekonla bükülmüş toyuq

4-6 üçün

225 q/8 unsiya toyuq, doğranmış

30 ml/2 xörək qaşığı soya sousu

15 ml/1 xörək qaşığı düyü şərabı və ya quru şeri

5 ml/1 ç.q şəkər

5 ml/1 çay qaşığı küncüt yağı

duz və təzə yer bibəri

225 q/8 oz donuz dilimləri

1 yumurta, yüngülcə döyülmüş

100 q/4 unsiya düz (bütün məqsədli) un

dərin qızartmaq üçün yağ

4 pomidor, dilimlənmiş

Toyuq ətini soya sousu, şərab və ya şeri, şəkər, küncüt yağı, duz və istiot ilə qarışdırın. Üzərini örtün və 1 saat marinatlayın, vaxtaşırı qarışdırın, sonra toyuqları çıxarın və şoraba atın. Bekonu parçalara ayırın və toyuq parçalarına sarın. Qalın bir xəmir yaratmaq üçün yumurtaları unla döyün, lazım olduqda bir az süd əlavə edin. Küpləri xəmirə batırın. Yağı qızdırın və kublar qızılı rəng alana və bişənə qədər qızardın. Pomidorla bəzəyərək xidmət edin.

Lobya cücərtiləri ilə toyuq

4 xidmət edir

45 ml/3 xörək qaşığı fıstıq yağı
1 diş sarımsaq, sıxılmış
1 baş soğan (soğan), doğranmış
1 dilim zəncəfil kökü, doğranmışdır
225 q/8 oz toyuq göğsü, dilimlərə kəsilmiş
225 q/8 unsiya lobya cücərtiləri
45 ml/3 xörək qaşığı soya sousu
15 ml/1 xörək qaşığı düyü şərabı və ya quru şeri
5 ml/1 çay qaşığı qarğıdalı unu (qarğıdalı nişastası)

Yağı qızdırın və sarımsağı, soğanı və zəncəfili yüngülcə qızarana qədər qızardın. Toyuq əlavə edin və 5 dəqiqə qızardın. Fasulye cücərtilərini əlavə edin və 2 dəqiqə qarışdırın. Soya sousu, şərab və ya şeri və qarğıdalı unu ilə qarışdırın və toyuq hazır olana qədər təxminən 3 dəqiqə qızardın.

Qara lobya sousu ilə toyuq

4 xidmət edir

30 ml/2 xörək qaşığı fıstıq yağı

5 ml/1 çay qaşığı duz

30 ml/2 xörək qaşığı qara lobya sousu

2 diş sarımsaq, əzilmiş

450 q/1 lb toyuq, doğranmış

250 ml/8 fl oz/1 stəkan qaynadılmış

1 yaşıl bibər, doğranmışdır

1 soğan, doğranmış

15 ml/1 xörək qaşığı soya sousu

təzə doğranmış bibər

15 ml/1 xörək qaşığı qarğıdalı unu (qarğıdalı nişastası)

45 ml/3 xörək qaşığı su

Yağı qızdırın və duz, qara lobya və sarımsağı 30 saniyə qızardın. Toyuq əlavə edin və açıq qəhvəyi qədər qızardın. Bulyonu qarışdırın, bir qaynadək gətirin, örtün və 10 dəqiqə qaynamaq. Bibər, soğan, soya sousu və bibər əlavə edin, örtün və əlavə 10 dəqiqə qaynatın. Qarğıdalı unu və suyu bir xəmirə qarışdırın, sousa qarışdırın və sous qalınlaşana və toyuq yumşaq olana qədər qarışdıraraq bişirin.

Brokoli ilə toyuq

4 xidmət edir

450 q/1 lb toyuq, doğranmış

225 q/8 unsiya toyuq qaraciyəri

45 ml/3 xörək qaşığı adi (ümumməqsədli) un

45 ml/3 xörək qaşığı fıstıq yağı

1 soğan, dilimlərə kəsin

1 qırmızı bibər, doğranmışdır

1 yaşıl bibər, doğranmışdır

225 q/8 unsiya brokoli

4 dilim ananas, dilimlənmiş

30 ml/2 xörək qaşığı tomat pastası (pasta)

30 ml/2 xörək qaşığı hoisin sousu

30 ml/2 xörək qaşığı bal

30 ml/2 xörək qaşığı soya sousu

300 ml/½ pkt/1¼ fincan toyuq bulyonu

10 ml/2 çay qaşığı küncüt yağı

Toyuq və toyuq qaraciyərini unun içinə atın. Yağı qızdırın və ciyərləri 5 dəqiqə qızardın, sonra tavadan çıxarın. Toyuq əlavə edin, örtün və vaxtaşırı qarışdıraraq 15 dəqiqə aşağı istilikdə bişirin. Tərəvəzləri və ananası əlavə edib 8 dəqiqə qarışdırın.

Qaraciyərləri yenidən tavaya qoyun, qalanını əlavə edin və qaynadək gətirin. Qarışdıraraq, sousu qalınlaşana qədər qaynatın.

Kələm və qoz-fındıq ilə toyuq

4 xidmət edir

45 ml/3 xörək qaşığı fıstıq yağı
30 ml/2 xörək qaşığı fıstıq
450 q/1 lb toyuq, doğranmış
½ kələm, kvadratlara kəsin
15 ml/1 xörək qaşığı qara lobya sousu
2 qırmızı çili bibəri, doğranmışdır
5 ml/1 çay qaşığı duz

Bir az yağ qızdırın və daim qarışdıraraq qoz-fındıqları bir neçə dəqiqə qızardın. Çıxarın, boşaltın və əzin. Qalan yağı qızdırın və toyuq və kələmi yüngülcə qızarana qədər qızardın. Tavadan çıxarın. Qara lobya sousu və çili bibərini əlavə edib 2 dəqiqə qarışdırın. Toyuq və kələmi yenidən doğranmış qoz-fındıq və duz ilə tavaya qoyun. Qızdırılana qədər qarışdırın və bir anda xidmət edin.

Anakardiya ilə toyuq

4 xidmət edir

30 ml/2 xörək qaşığı soya sousu

30 ml/2 xörək qaşığı qarğıdalı unu (qarğıdalı nişastası)

15 ml/1 xörək qaşığı düyü şərabı və ya quru şeri

350 q/12 unsiya toyuq, doğranmış

45 ml/3 xörək qaşığı fıstıq yağı

2,5 ml/½ çay qaşığı duz

2 diş sarımsaq, əzilmiş

225 q/8 unsiya dilimlənmiş göbələk

100 q/4 unsiya su şabalıdı, dilimlənmiş

100 q/4 unsiya bambuk tumurcuqları

50 q/2 unsiya mangetout (qar noxud)

225 q/8 unsiya/2 stəkan anakardiya

300 ml/½ pkt/1 ¼ fincan toyuq bulyonu

Soya sousu, qarğıdalı unu və şərab və ya şeri qarışdırın, toyuğun üzərinə tökün, örtün və ən azı 1 saat marinat edin. 30 ml/2 xörək qaşığı yağı duz və sarımsaq ilə qızdırın və sarımsaq açıq qəhvəyi olana qədər qızardın. Toyuqu şoraba əlavə edin və toyuq yüngülcə qızarana qədər 2 dəqiqə qızardın. Göbələkləri, şabalıdları, bambuk tumurcuqlarını və kartofu əlavə edib 2 dəqiqə qarışdırın. Bu vaxt yağın qalanını ayrı bir tavada qızdırın və anakartları zəif odda bir neçə dəqiqə qızılı rəng alana qədər qovurun. Onları bulyonla birlikdə tavaya əlavə edin, bir qaynadək gətirin, örtün və 5 dəqiqə bişirin. Əgər sous kifayət qədər qatılaşmayıbsa, bir qaşıq suya bir az qarğıdalı unu tökün və sous qalınlaşana və təmizlənənə qədər qarışdırın.

Şabalıd ilə toyuq

4 xidmət edir

225 q/8 oz toyuq, dilimlənmiş

5 ml/1 çay qaşığı duz

15 ml/1 xörək qaşığı soya sousu

dərin qızartmaq üçün yağ

250 ml/8 fl oz/1 fincan toyuq bulyonu

200 q/7 unsiya su şabalıdı, doğranmışdır

225 q/8 unsiya şabalıd, doğranmış

225 q/8 unsiyaya bölünmüş göbələklər

15 ml/1 xörək qaşığı doğranmış təzə cəfəri

Toyuqun üzərinə duz və soya sousu səpin və toyuğun içinə yaxşıca sürtün. Yağı qızdırın və toyuq əti qızılı rəng alana qədər qızardın və sonra çıxarın və süzün. Toyuqu bulyon ilə bir tavaya qoyun, bir qaynadək gətirin və 5 dəqiqə qaynatın. Su şabalıdı, şabalıd və göbələkləri əlavə edin, örtün və hər şey yumşaq olana qədər təxminən 20 dəqiqə bişirin. Cəfəri ilə bəzəyərək xidmət edin.

İsti bibərli toyuq

4 xidmət edir

350 q/1 lb toyuq, doğranmış

1 yumurta, yüngülcə döyülmüş

10 ml/2 çay qaşığı soya sousu

2,5 ml/½ çay qaşığı qarğıdalı unu (qarğıdalı nişastası)

dərin qızartmaq üçün yağ

1 yaşıl bibər, doğranmışdır

4 diş sarımsaq, sıxılmış

2 qırmızı çili bibəri, rəndələnmişdir

5 ml/1 çay qaşığı təzə doğranmış bibər

5 ml/1 çay qaşığı şərab sirkəsi

5 ml/1 çay qaşığı su

2,5 ml/½ çay qaşığı şəkər

2,5 ml/½ ç/q bibər yağı

2,5 ml/½ çay qaşığı küncüt yağı

Toyuqu yumurta, soya sousunun yarısı və qarğıdalı unu ilə qarışdırıb 30 dəqiqə buraxın. Yağı qızdırın və toyuq ətini qızılı rəngə qədər qızardın və sonra yaxşıca süzün. Tavadan 15 ml/1 xörək qaşığı yağdan başqa hamısını boşaltın, bibər, sarımsaq və çili əlavə edin və 30 saniyə qızardın. Bibər, sirkə, su və şəkər əlavə edin və 30 saniyə qızardın. Toyuqu tavaya qaytarın və bişənə qədər bir neçə dəqiqə qarışdırın. Üzərinə bibər və küncüt yağı səpərək xidmət edin.

Çili ilə qızardılmış toyuq

4 xidmət edir

225 q/8 oz toyuq, dilimlənmiş

2,5 ml/½ çay qaşığı soya sousu

2,5 ml/½ çay qaşığı küncüt yağı

2,5 ml/½ çay qaşığı düyü şərabı və ya quru şeri

5 ml/1 çay qaşığı qarğıdalı unu (qarğıdalı nişastası)

duz

45 ml/3 xörək qaşığı fıstıq yağı

100 q/4 unsiya ispanaq

4 baş soğan (qab), doğranmış

2,5 ml/½ çay qaşığı bibər tozu

15 ml/1 xörək qaşığı su

1 pomidor, dilimlənmiş

Toyuq ətini soya sousu, küncüt yağı, şərab və ya şeri, qarğıdalı ununun yarısı və bir çimdik duz ilə qarışdırın. 30 dəqiqə buraxın. 15 ml/1 xörək qaşığı yağı qızdırın və toyuq ətini açıq qəhvəyi olana qədər qızardın. Wokdan çıxarın. 15 ml/1 xörək qaşığı yağı qızdırın və ispanaqları solana qədər qızardın, sonra tavadan çıxarın. Qalan yağı qızdırın və soğanı, bibər tozunu, suyu və qalan qarğıdalı unu 2 dəqiqə qızardın. Toyuq ətini qarışdırın və tez qarışdırın. İspanağı qaynar boşqabın ətrafına düzün, üstünə toyuq əlavə edin və pomidorla bəzədilmiş şəkildə xidmət edin.

Suey toyuq pirzolası

4 xidmət edir

100 q/4 unsiya Çin yarpaqları, cırıq
100 q/4 unsiya bambuk tumurcuqları, zolaqlara kəsilmişdir
60 ml/4 xörək qaşığı fıstıq yağı
3 ədəd baş soğan (kök soğan), dilimlənmiş
2 diş sarımsaq, əzilmiş

1 dilim zəncəfil kökü, doğranmışdır

225 q/8 unsiya toyuq döşü, zolaqlara kəsilmiş

45 ml/3 xörək qaşığı soya sousu

15 ml/1 xörək qaşığı düyü şərabı və ya quru şeri

5 ml/1 çay qaşığı duz

2,5 ml/½ çay qaşığı şəkər

təzə doğranmış bibər

15 ml/1 xörək qaşığı qarğıdalı unu (qarğıdalı nişastası)

Çin yarpaqlarını və bambuk tumurcuqlarını qaynar suda 2 dəqiqə ağardın. Sökün və qurudun. 45 ml/3 xörək qaşığı yağı qızdırın və soğanı, sarımsağı və zəncəfili yüngülcə qızarana qədər qızardın. Toyuq əlavə edin və 4 dəqiqə qarışdırın. Tavadan çıxarın. Qalan yağı qızdırın və tərəvəzləri 3 dəqiqə qızardın. Toyuq, soya sousu, şərab və ya şeri, duz, şəkər və bir az istiot əlavə edin və 1 dəqiqə qarışdırın. Qarğıdalı unu bir az su ilə qarışdırın, sousun içinə qarışdırın və sous təmizlənənə və qalınlaşana qədər qarışdıraraq bişirin.

Toyuq Chow Mein

4 xidmət edir

30 ml/2 xörək qaşığı fıstıq yağı

2 diş sarımsaq, əzilmiş

450 q/1 lb toyuq, doğranmış

225 q/8 unsiya bambuk tumurcuqları, dilimlənmiş

100 q kərəviz, dilimlənmiş

225 q/8 unsiya dilimlənmiş göbələk

450 ml/¾ pt/2 stəkan toyuq bulyonu

225 q/8 unsiya lobya cücərtiləri

4 soğan, dilimlərə kəsin

30 ml/2 xörək qaşığı soya sousu

30 ml/2 xörək qaşığı qarğıdalı unu (qarğıdalı nişastası)

225 q/8 unsiya qurudulmuş Çin əriştəsi

Yağı sarımsaq ilə yüngül qızılı rəngə qədər qızdırın, sonra toyuq əlavə edin və açıq qəhvəyi olana qədər 2 dəqiqə qarışdırın. Bambuk tumurcuqları, kərəviz və göbələkləri əlavə edin və 3 dəqiqə qarışdırın. Bulyonun çox hissəsini əlavə edin, bir qaynadək gətirin, örtün və 8 dəqiqə bişirin. Lobya cücərtiləri və soğanı əlavə edin və bir az bulyon qalana qədər qarışdıraraq 2 dəqiqə bişirin. Qalanını soya sousu və qarğıdalı unu ilə qarışdırın. Tava içərisinə qarışdırın və sous təmizlənənə və qalınlaşana qədər qarışdıraraq qaynadın.

Bu vaxt əriştələri qablaşdırma təlimatlarına uyğun olaraq qaynar duzlu suda bir neçə dəqiqə bişirin. Yaxşı süzün və sonra toyuq qarışığına qarışdırın və bir anda xidmət edin.

Xırtıldayan qızardılmış ədviyyatlı toyuq

4 xidmət edir

450 q/1 lb toyuq, parçalara kəsilmiş
30 ml/2 xörək qaşığı soya sousu
30 ml/2 xörək qaşığı gavalı sousu
45 ml/3 xörək qaşığı manqo turşusu
1 diş sarımsaq, sıxılmış

2,5 ml/½ çay qaşığı üyüdülmüş zəncəfil

bir neçə damcı brendi

30 ml/2 xörək qaşığı qarğıdalı unu (qarğıdalı nişastası)

2 yumurta, döyülmüş

100 q/4 oz/1 stəkan qurudulmuş çörək qırıntıları

30 ml/2 xörək qaşığı fıstıq yağı

6 soğan (qab), doğranmışdır

1 qırmızı bibər, doğranmışdır

1 yaşıl bibər, doğranmışdır

30 ml/2 xörək qaşığı soya sousu

30 ml/2 xörək qaşığı bal

30 ml/2 xörək qaşığı şərab sirkəsi

Toyuqu bir qaba qoyun. Sosları, chutney, sarımsaq, zəncəfil və brendi qarışdırın, toyuğun üzərinə tökün, örtün və 2 saat marinat etmək üçün buraxın. Toyuq ətini boşaltın və sonra qarğıdalı unu ilə tozlayın. Yumurta və sonra çörək qırıntıları ilə örtün. Yağı qızdırın və sonra toyuqları qızılı rəngə qədər qızardın. Tavadan çıxarın. Tərəvəzləri əlavə edin və 4 dəqiqə qızardın, sonra çıxarın. Tavadan yağı boşaltın, sonra toyuq və tərəvəzləri qalan maddələrlə birlikdə tavaya qaytarın. Bir qaynadək gətirin və xidmət etməzdən əvvəl qızdırın.

Xiyar ilə qızardılmış toyuq

4 xidmət edir

225 q/8 unsiya toyuq əti

1 yumurta ağı

2,5 ml/½ çay qaşığı qarğıdalı unu (qarğıdalı nişastası)

duz

½ xiyar

30 ml/2 xörək qaşığı fıstıq yağı

100 q/4 unsiya düyməli göbələk

50 q/2 unsiya bambuk tumurcuqları, zolaqlara kəsilmişdir

50 q/2 unsiya vetçina, doğranmış

15 ml/1 xörək qaşığı su

2,5 ml/½ çay qaşığı duz

2,5 ml/½ çay qaşığı düyü şərabı və ya quru şeri

2,5 ml/½ çay qaşığı küncüt yağı

Toyuq ətini kəsin və dilimlərə kəsin. Yumurta ağını, qarğıdalı unu və duzu qarışdırın və dayanmasına icazə verin. Xiyarı uzununa tutun və diaqonal olaraq qalın dilimlərə kəsin. Yağı qızdırın və toyuq ətini açıq qəhvəyi olana qədər qızardın, sonra tavadan çıxarın. Xiyar və bambuk tumurcuqlarını əlavə edib 1 dəqiqə qarışdırın. Toyuqu vetçina, su, duz və şərab və ya şeri ilə tavaya qaytarın. Bir qaynadək gətirin və toyuq yumşaq olana qədər bişirin. Küncüt yağı ilə səpərək xidmət edin.

Chilli-Toyuq köri

4 xidmət edir

120 ml/4 fl oz/½ fincan fıstıq yağı (fındıq).
4 ədəd toyuq
1 soğan, doğranmış
5 ml/1 ç.q. köri tozu
5 ml/1 çay qaşığı çili sousu
15 ml/1 xörək qaşığı düyü şərabı və ya quru şeri

2,5 ml/½ çay qaşığı duz
600 ml/1 pkt/2½ fincan toyuq suyu
15 ml/1 xörək qaşığı qarğıdalı unu (qarğıdalı nişastası)
45 ml/3 xörək qaşığı su
5 ml/1 çay qaşığı küncüt yağı

Yağı qızdırın və toyuq tikələrini hər iki tərəfi qızılı rəng alana qədər qızardın və tavadan çıxarın. Soğan, köri tozu və bibər sousunu əlavə edib 1 dəqiqə qarışdırın. Şərab və ya şeri və duz əlavə edin, yaxşıca qarışdırın, toyuqları tavaya qaytarın və yenidən qarışdırın. Bulyonu əlavə edin, bir qaynadək gətirin və toyuq yumşaq olana qədər təxminən 30 dəqiqə bişirin. Əgər sous kifayət qədər azalmayıbsa, qarğıdalı unu və suyu bir xəmirə qarışdırın, sousu bir az qarışdırın və sous qalınlaşana qədər qarışdıraraq bişirin. Küncüt yağı ilə səpərək xidmət edin.

Çin toyuq köri

4 xidmət edir
45 ml/3 xörək qaşığı köri tozu
1 soğan, dilimlənmiş
350q/12oz toyuq, doğranmış
150 ml/¼ pt/zəngin ½ fincan toyuq bulyonu
5 ml/1 çay qaşığı duz
10 ml/2 çay qaşığı qarğıdalı unu (qarğıdalı nişastası)

15 ml/1 xörək qaşığı su

Köri tozunu və soğanı quru tavada 2 dəqiqə qızdırın, soğanı örtmək üçün qabı silkələyin. Toyuq əlavə edin və köri tozu ilə yaxşı örtülmüş qədər qarışdırın. Bulyonu və duzu əlavə edin, bir qaynadək gətirin, örtün və toyuq yumşaq olana qədər təxminən 5 dəqiqə bişirin. Qarğıdalı unu və suyu bir pasta halına salın, tavada qarışdırın və sous qatılaşana qədər qarışdıraraq bişirin.

Sürətli Curry Toyuq

4 xidmət edir

450 q/1 lb toyuq göğsü, doğranmış
45 ml/3 xörək qaşığı düyü şərabı və ya quru şeri
50 q/2 unsiya qarğıdalı unu (qarğıdalı nişastası)
1 yumurta ağı
duz
150 ml/¼ pt/zəngin ½ fincan fıstıq yağı (fındıq).
15 ml/1 xörək qaşığı köri tozu

10 ml/2 çay qaşığı qəhvəyi şəkər

150 ml/¼ pt/zəngin ½ fincan toyuq bulyonu

Toyuq parçalarını və şeri qarışdırın. 10 ml/2 çay qaşığı qarğıdalı unu ehtiyatına qoyun. Yumurtanın ağını qalan qarğıdalı unu və bir çimdik duz ilə çalın, sonra yaxşıca örtülənə qədər toyuğa qarışdırın. Yağı qızdırın və bişənə qədər toyuq ətini qızardın. Tavadan çıxarın və 15 ml/1 xörək qaşığı yağdan başqa hamısını tökün. Qorunan qarğıdalı unu, köri tozu və şəkəri qarışdırın və 1 dəqiqə qızardın. Bulyonu qarışdırın, bir qaynadək gətirin və sous qalınlaşana qədər daim qarışdıraraq bişirin. Toyuqu tavaya qaytarın, qarışdırın və xidmət etməzdən əvvəl yenidən qızdırın.

Kartof ilə kari toyuq

4 xidmət edir

45 ml/3 xörək qaşığı fıstıq yağı

2,5 ml/½ çay qaşığı duz

1 diş sarımsaq, sıxılmış

750q/1 ½lb toyuq, doğranmış

225 q/8 unsiya kartof, doğranmış

4 soğan, dilimlərə kəsin

15 ml/1 xörək qaşığı köri tozu

450 ml/¾ pt/2 stəkan toyuq bulyonu

225 q/8 unsiya dilimlənmiş göbələk

Yağı duz və sarımsaq ilə qızdırın, toyuq əlavə edin və açıq qəhvəyi olana qədər qızardın. Kartof, soğan və köri tozunu əlavə edib 2 dəqiqə qızardın. Bulyonu əlavə edin, bir qaynadək gətirin, örtün və toyuq bişənə qədər təxminən 20 dəqiqə bişirin, vaxtaşırı qarışdırın. Göbələkləri əlavə edin, qapağı çıxarın və maye azalana qədər daha 10 dəqiqə bişirin.

Dərin qızardılmış toyuq ayaqları

4 xidmət edir

2 böyük toyuq budu, sümüksüz

2 baş soğan (soğan)

1 dilim zəncəfil, düz döyülmüş

120 ml/4 fl oz/½ fincan soya sousu

5 ml/1 tsp düyü şərabı və ya quru şeri

dərin qızartmaq üçün yağ

5 ml/1 çay qaşığı küncüt yağı

təzə doğranmış bibər

Toyuq ətini yayın və hər tərəfə kəsin. 1 baş soğanı yastılayın, digərini doğrayın. Yastı doğranmış soğanı zəncəfil, soya sousu və şərab və ya şeri ilə qarışdırın. Toyuq ətini tökün və 30 dəqiqə marinat edin. Çıxarın və boşaltın. Bir boşqaba buxar rəfinə qoyun və 20 dəqiqə buxarlayın.

Yağı qızdırın və toyuqları təxminən 5 dəqiqə qızılı rəng alana qədər qızardın. Tavadan çıxarın, yaxşıca süzün və qalın dilimləyin, sonra dilimləri isti bir süfrəyə düzün. Küncüt yağını qızdırın, doğranmış soğan və istiot əlavə edin, toyuğun üzərinə tökün və xidmət edin.

Karri sousu ilə qızardılmış toyuq

4 xidmət edir

1 yumurta, yüngülcə döyülmüş
30 ml/2 xörək qaşığı qarğıdalı unu (qarğıdalı nişastası)
25 q/1 oz/¼ stəkan sadə (ümumməqsədli) un
2,5 ml/½ çay qaşığı duz
225 q/8 unsiya toyuq, doğranmış
dərin qızartmaq üçün yağ
30 ml/2 xörək qaşığı fıstıq yağı
30 ml/2 xörək qaşığı köri tozu
60 ml/4 xörək qaşığı düyü şərabı və ya quru şeri

Yumurtanı qarğıdalı, un və duz ilə qalın bir xəmirə döyün. Toyuğun üzərinə tökün və örtmək üçün yaxşıca atın. Yağı qızdırın və toyuq ətini qızılı rəng alana və bişənə qədər qızardın. Bu vaxt yağı qızdırın və köri tozunu 1 dəqiqə qızardın. Şərab və ya şeri ilə qarışdırın və qaynadək gətirin. Toyuq ətini isti boşqaba qoyun və üzərinə kari sousunu tökün.

Sərxoş toyuq

4 xidmət edir

450 q/1 lb toyuq filesi, parçalara kəsilmiş

60 ml/4 xörək qaşığı soya sousu

30 ml/2 xörək qaşığı hoisin sousu

30 ml/2 xörək qaşığı gavalı sousu

30 ml/2 xörək qaşığı şərab sirkəsi

2 diş sarımsaq, əzilmiş

bir çimdik duz

bir neçə damcı bibər yağı

2 yumurta ağı

60 ml/4 xörək qaşığı qarğıdalı unu (qarğıdalı nişastası)

dərin qızartmaq üçün yağ

200 ml/½ pkt/1 ¼ fincan düyü şərabı və ya quru şeri

Toyuqu bir qaba qoyun. Soslar və şərab sirkəsi, sarımsaq, duz və çili yağını qarışdırıb toyuğun üzərinə töküb 4 saat soyuducuda marinat etmək üçün buraxın. Yumurta ağını bərkiyənə qədər çalın və qarğıdalı unu ilə qarışdırın. Toyuq ətini marinaddan çıxarın və yumurta ağ qarışığı ilə örtün. Yağı qızdırın və toyuq bişənə və qızılı rəng alana qədər qızardın. Mətbəx kağızına yaxşıca süzün və bir qaba qoyun. Şərabı və ya şeri üzərinə tökün, örtün və soyuducuda 12 saat marinat etmək üçün buraxın. Toyuqları şərabdan çıxarın və soyuq xidmət edin.

Yumurta ilə dadlı toyuq

4 xidmət edir

30 ml/2 xörək qaşığı fıstıq yağı

4 ədəd toyuq

2 baş soğan (qab), doğranmış

1 diş sarımsaq, sıxılmış

1 dilim zəncəfil kökü, doğranmışdır

175 ml/6 fl oz/¾ fincan soya sousu

30 ml/2 xörək qaşığı düyü şərabı və ya quru şeri

30 ml/2 xörək qaşığı qəhvəyi şəkər

5 ml/1 çay qaşığı duz

375 ml/13 fl oz/1½ fincan su

4 bərk qaynadılmış (bərk qaynadılmış) yumurta

15 ml/1 xörək qaşığı qarğıdalı unu (qarğıdalı nişastası)

Yağı qızdırın və toyuq parçaları qızılı rəng alana qədər qızardın. Soğan, sarımsaq və zəncəfil əlavə edib 2 dəqiqə qızardın. Soya sousu, şərab və ya şeri, şəkər və duz əlavə edin və yaxşı qarışdırın. Su əlavə edin və bir qaynadək gətirin, örtün və 20 dəqiqə bişirin. Sərt qaynadılmış yumurtaları əlavə edin, örtün və daha 15 dəqiqə bişirin. Qarğıdalı unu bir az su ilə qarışdırın, sousun içinə qarışdırın və sous təmizlənənə və qalınlaşana qədər qarışdıraraq bişirin.

Toyuq yumurta rulonları

4 xidmət edir

4 qurudulmuş Çin göbələyi

100 q/4 unsiya toyuq, zolaqlara kəsilmiş

5 ml/1 çay qaşığı qarğıdalı unu (qarğıdalı nişastası)

15 ml/1 xörək qaşığı soya sousu

2,5 ml/½ çay qaşığı duz

2,5 ml/½ çay qaşığı şəkər

60 ml/4 xörək qaşığı fıstıq yağı

225 q/8 unsiya lobya cücərtiləri

3 baş soğan (qab), doğranmışdır

100 q/4 unsiya ispanaq

12 yumurta qabığı

1 yumurta, döyülmüş

dərin qızartmaq üçün yağ

Göbələkləri 30 dəqiqə isti suda isladın və sonra yuyun. Sapları atın və qapaqları doğrayın. Toyuqu bir qaba qoyun. Qarğıdalı unu 5 ml/1 çay qaşığı soya sousu, duz və şəkərlə qarışdırın və toyuğa qarışdırın. 15 dəqiqə buraxın. Yağın yarısını qızdırın və toyuq ətini açıq qəhvəyi olana qədər qızardın. Lobya cücərtilərini 3 dəqiqə qaynar suda ağardın, sonra süzün. Qalan yağı qızdırın və soğanı açıq qəhvəyi olana qədər qızardın. Göbələk, lobya cücərtiləri, ispanaq və soya sousunun qalan hissəsini qarışdırın. Toyuq əlavə edin və 2 dəqiqə qarışdırın. Sərin buraxın. Hər dərinin ortasına bir az içlik qoyun və kənarlarını döyülmüş yumurta ilə fırçalayın. Kenarlarını qatlayın və sonra yumurta rulonlarını yuvarlayın və kənarlarını yumurta ilə bağlayın.

Yumurta ilə qızardılmış toyuq

4 xidmət edir

30 ml/2 xörək qaşığı fıstıq yağı
4 toyuq döşü, zolaqlara kəsilmişdir
1 qırmızı bolqar bibəri, zolaqlara kəsilmişdir
1 yaşıl bibər, zolaqlara kəsilmiş
45 ml/3 xörək qaşığı soya sousu
45 ml/3 xörək qaşığı düyü şərabı və ya quru şeri
250 ml/8 fl oz/1 fincan toyuq bulyonu
100 q/4 unsiya aysberq kahı, doğranmışdır
5 ml/1 çay qaşığı qəhvəyi şəkər
30 ml/2 xörək qaşığı hoisin sousu
duz və istiot
15 ml/1 xörək qaşığı qarğıdalı unu (qarğıdalı nişastası)
30 ml/2 xörək qaşığı su
4 yumurta
30 ml/2 xörək qaşığı şeri

Yağı qızdırın və toyuq və bibəri qızılı rəngə qədər qızardın. Soya sousunu, şərabı və ya şeri və bulyonu əlavə edin, bir qaynadək gətirin, örtün və 30 dəqiqə qaynatın. Kələm, şəkər və hoisin sousunu əlavə edin, duz və istiot əlavə edin. Qarğıdalı unu və suyu qarışdırın, sousun içinə qarışdırın və qarışdıraraq qaynadək gətirin. Yumurtaları şeri ilə döyün və nazik omlet kimi qızardın. Duz və istiot səpin və zolaqlara kəsin. İsti bir qabda düzün və toyuq ətinin üzərinə tökün.

Uzaq Şərq toyuq

4 xidmət edir

60 ml/4 xörək qaşığı fıstıq yağı

450 q/1 lb toyuq, parçalara kəsilmiş

2 diş sarımsaq, əzilmiş

2,5 ml/½ çay qaşığı duz

2 soğan, doğranmış

2 ədəd zəncəfil sapı, doğranmışdır

45 ml/3 xörək qaşığı soya sousu

30 ml/2 xörək qaşığı hoisin sousu

45 ml/3 xörək qaşığı düyü şərabı və ya quru şeri

300 ml/½ pkt/1 ¼ fincan toyuq bulyonu

5 ml/1 çay qaşığı təzə doğranmış bibər

6 bərk qaynadılmış (bərk qaynadılmış) yumurta, doğranmışdır

15 ml/1 xörək qaşığı qarğıdalı unu (qarğıdalı nişastası)

15 ml/1 xörək qaşığı su

Yağı qızdırın və toyuqları qızılı rəng alana qədər qızardın. Sarımsaq, duz, soğan və zəncəfil əlavə edin və 2 dəqiqə qızardın. Soya sousu, hoisin sousu, şərab və ya şeri, bulyon və istiot əlavə edin. Bir qaynadək gətirin, örtün və 30 dəqiqə bişirin. Yumurtaları əlavə edin. Qarğıdalı unu və suyu qarışdırın və sousun içinə qarışdırın. Bir qaynadək gətirin və sous qalınlaşana qədər qarışdıraraq qaynadın.

Toyuq Foo Yung

4 xidmət edir

6 yumurta, döyülmüş
45 ml/3 xörək qaşığı qarğıdalı unu (qarğıdalı nişastası)
100 q/4 unsiya göbələk, təxminən doğranmışdır
225 q/8 unsiya toyuq döşü, doğranmış
1 soğan, incə doğranmışdır
5 ml/1 çay qaşığı duz
45 ml/3 xörək qaşığı fıstıq yağı

Yumurtaları döyün və sonra qarğıdalı unu ilə döyün. Yağdan başqa bütün qalan maddələri qarışdırın. Yağı qızdırın. Təxminən 7,5 sm/3 diametrli kiçik pancake etmək üçün qarışığı az-az tavaya tökün. Altı qızılı rəng alana qədər bişirin, sonra çevirin və digər tərəfi bişirin.

Ham və Toyuq Foo Yung

4 xidmət edir

6 yumurta, döyülmüş

45 ml/3 xörək qaşığı qarğıdalı unu (qarğıdalı nişastası)

100 q/4 unsiya vetçina, doğranmış

225 q/8 unsiya toyuq döşü, doğranmış

3 baş soğan (qab), incə doğranmışdır

5 ml/1 çay qaşığı duz

45 ml/3 xörək qaşığı fıstıq yağı

Yumurtaları döyün və sonra qarğıdalı unu ilə döyün. Yağdan başqa bütün qalan maddələri qarışdırın. Yağı qızdırın. Təxminən 7,5 sm/3 diametrli kiçik pancake etmək üçün qarışığı az-az tavaya tökün. Altı qızılı rəng alana qədər bişirin, sonra çevirin və digər tərəfi bişirin.

Zəncəfil ilə dərin qızardılmış toyuq

4 xidmət edir

1 toyuq, yarıya bölünmüş
4 dilim zəncəfil kökü, əzilmiş
30 ml/2 xörək qaşığı düyü şərabı və ya quru şeri
30 ml/2 xörək qaşığı soya sousu
5 ml/1 ç.q şəkər
dərin qızartmaq üçün yağ

Toyuqu dayaz bir qaba qoyun. Zəncəfil, şərab və ya şeri, soya sousu və şəkəri qarışdırın, toyuğun üzərinə tökün və dəriyə sürtün. 1 saat marinat etmək üçün buraxın. Yağı qızdırın və toyuq ətini bir-bir yarım rəng alana qədər qızardın. Yağdan çıxarın və yağı yenidən qızdırarkən bir az soyumağa qoyun. Toyuqu tavaya qaytarın və qızılı rəng alana və bişənə qədər qızardın. Xidmət vermədən əvvəl yaxşıca süzün.

Zəncəfilli toyuq

4 xidmət edir

225 q/8 oz toyuq, incə dilimlənmiş

1 yumurta ağı

bir çimdik duz

2,5 ml/½ çay qaşığı qarğıdalı unu (qarğıdalı nişastası)

15 ml/1 xörək qaşığı fıstıq yağı

10 dilim zəncəfil kökü

6 göbələk, yarıya bölündü

1 yerkökü, dilimlənmiş

2 baş soğan (kərəviz), dilimlənmiş

5 ml/1 tsp düyü şərabı və ya quru şeri

5 ml/1 çay qaşığı su

2,5 ml/½ çay qaşığı küncüt yağı

Toyuqu yumurta ağı, duz və qarğıdalı unu ilə qarışdırın. Yağın yarısını qızdırın və toyuq açıq qəhvəyi olana qədər qızardın və sonra tavadan çıxarın. Qalan yağı qızdırın və zəncəfil, göbələk, yerkökü və soğanı 3 dəqiqə qızardın. Toyuqu şərab və ya şeri və su ilə tavaya qaytarın və toyuq yumşaq olana qədər qaynatın. Küncüt yağı ilə səpərək xidmət edin.

Göbələk və şabalıd ilə zəncəfil toyuq

4 xidmət edir

60 ml/4 xörək qaşığı fıstıq yağı

225 q/8 unsiya soğan, dilimlənmiş

450 q/1 lb toyuq, doğranmış

100 q/4 unsiya dilimlənmiş göbələk

30 ml/2 xörək qaşığı adi (bütün təyinatlı) un

60 ml/4 xörək qaşığı soya sousu

10 ml/2 çay qaşığı şəkər

duz və təzə yer bibəri

900 ml/1½ pkt/3¾ stəkan qaynar su

2 dilim zəncəfil kökü, doğranmışdır

450 q/1 lb su şabalıdı

Yağın yarısını qızdırın və soğanı 3 dəqiqə qızardın, sonra tavadan çıxarın. Qalan yağı qızdırın və toyuqları açıq qəhvəyi olana qədər qızardın.

Göbələkləri əlavə edin və 2 dəqiqə bişirin. Qarışığı unun üzərinə səpin və sonra soya sousu, şəkər, duz və istiot əlavə edin. Su və zəncəfil, soğan və şabalıd tökün. Bir qaynadək gətirin, örtün və

20 dəqiqə yumşaq bir şəkildə bişirin. Qapağı çıxarın və sous azalana qədər yavaşca qaynamağa davam edin.

Qızıl Toyuq

4 xidmət edir

8 kiçik toyuq tikələri

300 ml/½ pkt/1 ¼ fincan toyuq bulyonu

45 ml/3 xörək qaşığı soya sousu

15 ml/1 xörək qaşığı düyü şərabı və ya quru şeri

5 ml/1 ç.q şəkər

1 dilimlənmiş zəncəfil kökü, doğranmışdır

Bütün inqrediyentləri böyük bir tavaya qoyun, bir qaynadək gətirin, örtün və toyuq tam bişənə qədər təxminən 30 dəqiqə bişirin. Qapağı çıxarın və sous azalana qədər bişirin.

Marine edilmiş qızılı toyuq güveç

4 xidmət edir

4 ədəd toyuq

300 ml/½ pkt/1¼ fincan soya sousu

dərin qızartmaq üçün yağ

4 baş soğan (yağ soğan), qalın dilimlənmiş

1 dilim zəncəfil kökü, doğranmışdır

2 qırmızı çili bibəri, dilimlənmiş

3 mixək ulduz anis

50 q/2 unsiya bambuk tumurcuqları, dilimlənmiş

150 ml/1½ pkt/zəngin ½ fincan toyuq bulyonu

30 ml/2 xörək qaşığı qarğıdalı unu (qarğıdalı nişastası)

60 ml/4 xörək qaşığı su

5 ml/1 çay qaşığı küncüt yağı

Toyuq ətini böyük parçalara ayırın və soya sousunda 10 dəqiqə marinat edin. Soya sousunu saxlayaraq çıxarın və süzün. Yağı qızdırın və toyuq açıq qəhvəyi olana qədər təxminən 2 dəqiqə qızardın. Çıxarın və boşaltın. 30 ml/2 xörək qaşığı yağdan başqa hamısını tökün, sonra soğan, zəncəfil, bibər və ulduz anis əlavə edin və 1 dəqiqə qızardın. Toyuq ətini bambuk tumurcuqları və qorunan soya sousu ilə tavaya qaytarın, toyuq ətini örtmək üçün kifayət qədər ehtiyat əlavə edin. Bir qaynadək gətirin və toyuq yumşaq olana qədər təxminən 10 dəqiqə bişirin. Toyuq ətini kepçe ilə sousdan çıxarın və isti boşqaba düzün. Sonra sousu yenidən tavaya süzün. Qarğıdalı unu və suyu bir xəmirə qarışdırın, sousun içinə qarışdırın və sous qalınlaşana qədər qarışdıraraq bişirin.

Qızıl sikkə

4 xidmət edir

4 toyuq döşü

30 ml/2 xörək qaşığı bal

30 ml/2 xörək qaşığı şərab sirkəsi

30 ml/2 xörək qaşığı pomidor sousu (pişik)

30 ml/2 xörək qaşığı soya sousu

bir çimdik duz

2 diş sarımsaq, əzilmiş

5 ml/1 çay qaşığı beş ədviyyat tozu

45 ml/3 xörək qaşığı adi (ümumməqsədli) un

2 yumurta, döyülmüş

5 ml/1 ç.q. sürtgəcdən keçirilmiş zəncəfil kökü

5 ml/1 ç.q. rəndələnmiş limon qabığı

100 q/4 oz/1 stəkan qurudulmuş çörək qırıntıları

dərin qızartmaq üçün yağ

Toyuqu bir qaba qoyun. Bal, sirkə, ketçup, soya sousu, duz, sarımsaq və beş ədviyyat tozunu qarışdırın. Toyuqun üzərinə tökün, yaxşıca qarışdırın, örtün və 12 saat soyuducuda marinat etmək üçün buraxın.

Toyuq ətini marinaddan çıxarın və barmaq qalınlığında zolaqlara kəsin. Un ilə tozlayın. Yumurta, zəncəfil və limon qabığını döyün. Toyuq ətini qarışığa, sonra isə çörək qırıntılarına bərabər şəkildə örtülənə qədər səpin. Yağı qızdırın və toyuqları qızılı rəng alana qədər qızardın.

Buxarda bişmiş vetçina ilə toyuq

4 xidmət edir

4 porsiya toyuq
100 q/4 unsiya hisə verilmiş vetçina, doğranmışdır
3 baş soğan (qab), doğranmışdır
15 ml/1 xörək qaşığı fıstıq yağı
duz və təzə yer bibəri
15 ml/1 xörək qaşığı yastı yarpaqlı cəfəri

Toyuq hissələrini 5 sm/1 hissəyə kəsin və vetçina və soğan ilə sobaya davamlı bir qaba qoyun. Yağla çiləyiniz və duz və istiot əlavə edin və inqrediyentləri bir-birinə yumşaq bir şəkildə qarışdırın. Kassanı buxar banyosunda bir rafa qoyun, örtün və toyuq yumşaq olana qədər təxminən 40 dəqiqə qaynar su üzərində buxarlayın. Cəfəri ilə bəzəyərək xidmət edin.

Hoisin sousu ilə toyuq

4 xidmət edir

4 toyuq porsiyonu, yarıya bölündü
50 q/2 oz/½ fincan qarğıdalı unu (qarğıdalı nişastası)

dərin qızartmaq üçün yağ

10 ml/2 çay qaşığı sürtgəcdən keçirilmiş zəncəfil kökü

2 soğan, doğranmış

225 q/8 unsiya brokoli

1 qırmızı bibər, doğranmışdır

225 q/8 unsiya düyməli göbələk

250 ml/8 fl oz/1 fincan toyuq bulyonu

45 ml/3 xörək qaşığı düyü şərabı və ya quru şeri

45 ml/3 xörək qaşığı alma sirkəsi

45 ml/3 xörək qaşığı hoisin sousu

20 ml/4 ç.q soya sousu

Toyuq parçalarını qarğıdalı ununun yarısı ilə örtün. Yağı qızdırın və toyuq parçalarını bir neçə dəfə qızılı rəng alana və bişənə qədər təxminən 8 dəqiqə qızardın. Tavadan çıxarın və mətbəx kağızına süzün. Tavadan 30 ml/2 xörək qaşığı yağdan başqa hamısını çıxarın və zəncəfili 1 dəqiqə qızardın. Soğanı əlavə edin və 1 dəqiqə qarışdırın. Brokoli, bibər və göbələkləri əlavə edib 2 dəqiqə qızardın. Bulyonu qorunan qarğıdalı unu və qalan inqrediyentlərlə qarışdırın və tavaya əlavə edin. Bir qaynadək gətirin, qarışdırın və sous şəffaf olana qədər qaynatın. Toyuq ətini tavaya qaytarın və qızdırılana qədər qarışdıraraq təxminən 3 dəqiqə bişirin.

Ballı Toyuq

4 xidmət edir

30 ml/2 xörək qaşığı fıstıq yağı
4 ədəd toyuq
30 ml/2 xörək qaşığı soya sousu
120 ml/4 fl oz/½ fincan düyü şərabı və ya quru şeri
30 ml/2 xörək qaşığı bal
5 ml/1 çay qaşığı duz
1 baş soğan (soğan), doğranmış
1 dilim zəncəfil kökü, incə doğranmışdır

Yağı qızdırıb toyuq əti hər tərəfdən qızarana qədər qovurun. Artıq yağı boşaltın. Qalan maddələri qarışdırın və tavaya tökün. Bir qaynağa gətirin, örtün və toyuq hazır olana qədər təxminən 40 dəqiqə qaynamaq.

Kung Pao Toyuq

4 xidmət edir

450 q/1 lb toyuq, doğranmış
1 yumurta ağı
5 ml/1 çay qaşığı duz
30 ml/2 xörək qaşığı qarğıdalı unu (qarğıdalı nişastası)
60 ml/4 xörək qaşığı fıstıq yağı

25q/1oz qurudulmuş qırmızı bibər, kəsilmiş

5 ml/1 ç.q. doğranmış sarımsaq

15 ml/1 xörək qaşığı soya sousu

15 ml/1 xörək qaşığı düyü şərabı və ya quru şeri 5 ml/1 ç.q şəkər

5 ml/1 çay qaşığı şərab sirkəsi

5 ml/1 çay qaşığı küncüt yağı

30 ml/2 xörək qaşığı su

Toyuqu yumurta ağı, duz və qarğıdalı ununun yarısı ilə bir qaba qoyun və 30 dəqiqə marinat edin. Yağı qızdırın və toyuq əti açıq qəhvəyi olana qədər qızardın və sonra tavadan çıxarın. Yağı yenidən qızdırın və çili bibəri və sarımsağı 2 dəqiqə qızardın. Toyuq ətini soya sousu, şərab və ya şeri, şəkər, sirkə və küncüt yağı ilə tavaya qaytarın və 2 dəqiqə qarışdırın. Qarğıdalı unun qalan hissəsini su ilə qarışdırın, tavaya tökün və sous təmizlənənə və qalınlaşana qədər qarışdıraraq bişirin.

Pırasa ilə toyuq

4 xidmət edir

30 ml/2 xörək qaşığı fıstıq yağı

5 ml/1 çay qaşığı duz

225 q/8 unsiya pırasa, dilimlənmiş

1 dilim zəncəfil kökü, doğranmışdır

225 q/8 oz toyuq, incə dilimlənmiş

15 ml/1 xörək qaşığı düyü şərabı və ya quru şeri

15 ml/1 xörək qaşığı soya sousu

Yağın yarısını qızdırın və duz və pırasa açıq qəhvəyi olana qədər qızardın və tavadan çıxarın. Qalan yağı qızdırın və zəncəfil və toyuq ətini yüngülcə qızarana qədər qızardın. Şərab və ya şeri və soya sousunu əlavə edin və toyuq hazır olana qədər daha 2 dəqiqə bişirin. Pırasaları yenidən tavaya qoyun və bişənə qədər qarışdırın. Bir anda xidmət edin.

Limonlu toyuq

4 xidmət edir

4 sümüksüz toyuq göğsü

2 yumurta

50 q/2 oz/½ fincan qarğıdalı unu (qarğıdalı nişastası)

50 q/2 unsiya/½ fincan adi (ümumməqsədli) un

150 ml/¼ pt/böyük ½ fincan su

dərin qızartmaq üçün fıstıq yağı (fıstıq).

250 ml/8 fl oz/1 fincan toyuq bulyonu
60 ml/5 xörək qaşığı limon suyu
30 ml/2 xörək qaşığı düyü şərabı və ya quru şeri
30 ml/2 xörək qaşığı qarğıdalı unu (qarğıdalı nişastası)
30 ml/2 xörək qaşığı tomat pastası (pasta)
1 baş salat

Hər toyuq döşünü 4 hissəyə kəsin. Yumurtaları, qarğıdalı unu və adi unu birlikdə çırpın, qalın bir xəmir etmək üçün kifayət qədər su əlavə edin. Toyuq parçalarını xəmirə qoyun və yaxşıca örtülənə qədər qarışdırın. Yağı qızdırın və toyuq ətini qızılı rəng alana və bişənə qədər qızardın.

Bu vaxt, bulyonu, limon suyu, şərab və ya şeri, qarğıdalı unu və tomat pastasını qarışdırın və qarışıq qalxana qədər qarışdıraraq yumşaq bir şəkildə qızdırın. Sousu qalınlaşana və təmizlənənə qədər daim qarışdıraraq, yumşaq bir şəkildə bişirin. Toyuq ətini isti süfrəyə düzüb kahı yatağının üzərinə düzün və üzərinə ya sousu tökün, ya da ayrıca xidmət edin.

Limonlu toyuq qızardın

4 xidmət edir

450g/1lb sümüksüz toyuq, dilimlərə kəsilir
30 ml/2 xörək qaşığı limon suyu
15 ml/1 xörək qaşığı soya sousu
15 ml/1 xörək qaşığı düyü şərabı və ya quru şeri
30 ml/2 xörək qaşığı qarğıdalı unu (qarğıdalı nişastası)
30 ml/2 xörək qaşığı fıstıq yağı
2,5 ml/½ çay qaşığı duz
2 diş sarımsaq, əzilmiş

50 q/2 unsiya su şabalıdı, zolaqlara kəsilmişdir

50 q/2 unsiya bambuk tumurcuqları, zolaqlara kəsilmişdir

zolaqlara kəsilmiş bir neçə Çin yarpağı

60 ml/4 xörək qaşığı toyuq bulyonu

15 ml/1 xörək qaşığı tomat pastası (pasta)

15 ml/1 xörək qaşığı şəkər

15 ml/1 xörək qaşığı limon suyu

Toyuqu bir qaba qoyun. Limon suyu, soya sousu, şərab və ya şeri və 15 ml/1 xörək qaşığı qarğıdalı unu qarışdırın, toyuğun üzərinə tökün və arabir çevirərək 1 saat marinat edin.

Sarımsaq yüngülcə qızarana qədər yağı, duzu və sarımsağı qızdırın, sonra toyuq və şoraba əlavə edin və toyuq yüngülcə qızarana qədər təxminən 5 dəqiqə qarışdırın. Su şabalıdını, bambuk tumurcuqlarını və Çin yarpaqlarını əlavə edin və daha 3 dəqiqə və ya toyuq hazır olana qədər qarışdırın. Qalan inqrediyentləri əlavə edin və sous təmizlənənə və qalınlaşana qədər təxminən 3 dəqiqə qarışdırın.

Bambuk tumurcuqları ilə toyuq qaraciyəri

4 xidmət edir

225 q/8 oz toyuq qaraciyəri, qalın dilimlənmiş

45 ml/3 xörək qaşığı düyü şərabı və ya quru şeri

45 ml/3 xörək qaşığı fıstıq yağı

15 ml/1 xörək qaşığı soya sousu

100 q/4 unsiya bambuk tumurcuqları, dilimlənmiş

100 q/4 unsiya su şabalıdı, dilimlənmiş

60 ml/4 xörək qaşığı toyuq bulyonu

duz və təzə yer bibəri

Toyuq qaraciyərini şərab və ya şeri ilə qarışdırın və 30 dəqiqə buraxın. Yağı qızdırın və toyuq ciyərləri açıq qəhvəyi olana qədər qızardın. Marinad, soya sousu, bambuk tumurcuqları, su şabalıdı və bulyonu əlavə edin. Bir qaynadək gətirin və duz və istiot əlavə edin. Üzərini örtün və bişənə qədər təxminən 10 dəqiqə bişirin.

Dərin qızardılmış toyuq qaraciyəri

4 xidmət edir

450 q/1 lb toyuq qaraciyəri, yarıya bölünmüş

50 q/2 oz/½ fincan qarğıdalı unu (qarğıdalı nişastası)

dərin qızartmaq üçün yağ

Toyuq qaraciyərini qurutun, sonra qarğıdalı unu səpin və artıqlığı silkələyin. Yağı qızdırın və toyuq qaraciyərləri qızılı rəng alana və bişənə qədər bir neçə dəqiqə qızardın. Xidmət vermədən əvvəl mətbəx kağızı üzərinə süzün.

Mangetout ilə toyuq qaraciyəri

4 xidmət edir

225 q/8 oz toyuq qaraciyəri, qalın dilimlənmiş
10 ml/2 çay qaşığı qarğıdalı unu (qarğıdalı nişastası)
10 ml/2 tsp düyü şərabı və ya quru şeri
15 ml/1 xörək qaşığı soya sousu
45 ml/3 xörək qaşığı fıstıq yağı
2,5 ml/½ çay qaşığı duz
2 dilim zəncəfil kökü, doğranmışdır
100 q/4 unsiya mangetout (qar noxud)
10 ml/2 çay qaşığı qarğıdalı unu (qarğıdalı nişastası)

60 ml/4 xörək qaşığı su

Toyuq qaraciyərini bir qaba qoyun. Qarğıdalı unu, şərab və ya şeri və soya sousunu əlavə edib yaxşıca qarışdırın. Yağın yarısını qızdırın və duz və zəncəfili yüngülcə qızarana qədər qızardın. Kələm əlavə edin və yağla yaxşıca örtülənə qədər qarışdırın, sonra tavadan çıxarın. Qalan yağı qızdırın və bişənə qədər toyuq ciyərlərini 5 dəqiqə qızardın. Qarğıdalı unu və suyu bir pasta halına salın, tavaya qarışdırın və sous təmizlənənə və qalınlaşana qədər qarışdıraraq qaynamağa icazə verin. Kələmi yenidən tavaya qoyun və bişənə qədər bişirin.

Əriştə pancake ilə toyuq qaraciyəri

4 xidmət edir

30 ml/2 xörək qaşığı fıstıq yağı
1 soğan, dilimlənmiş
450 q/1 lb toyuq qaraciyəri, yarıya bölünmüş
2 sap kərəviz, dilimlənmiş
120 ml/4 fl oz/½ fincan toyuq bulyonu
15 ml/1 xörək qaşığı qarğıdalı unu (qarğıdalı nişastası)
15 ml/1 xörək qaşığı soya sousu
30 ml/2 xörək qaşığı su
əriştə pancake

Yağı qızdırın və soğanı yumşalana qədər qovurun. Toyuq qaraciyərini əlavə edin və rənglənənə qədər qarışdırın. Kərəviz əlavə edin və 1 dəqiqə qarışdırın. Bulyonu əlavə edin, bir qaynadək gətirin, örtün və 5 dəqiqə bişirin. Qarğıdalı unu, soya sousu və suyu bir pasta halında qarışdırın, tavaya qarışdırın və sous təmizlənənə və qalınlaşana qədər qarışdıraraq qaynamağa icazə verin. Qarışığı əriştəli pancake üzərinə tökün və xidmət edin.

İstiridyə sousu ilə toyuq qaraciyəri

4 xidmət edir
45 ml/3 xörək qaşığı fıstıq yağı
1 soğan, doğranmış
225 q/8 unsiya toyuq qaraciyəri, yarıya bölünmüş
100 q/4 unsiya dilimlənmiş göbələk
30 ml/2 xörək qaşığı istiridyə sousu
15 ml/1 xörək qaşığı soya sousu
15 ml/1 xörək qaşığı düyü şərabı və ya quru şeri
120 ml/4 fl oz/½ fincan toyuq bulyonu

5 ml/1 ç.q şəkər
15 ml/1 xörək qaşığı qarğıdalı unu (qarğıdalı nişastası)
45 ml/3 xörək qaşığı su

Yağın yarısını qızdırın və soğanı yumşalana qədər qovurun. Toyuq qaraciyərini əlavə edin və bir az rənglənənə qədər qızardın. Göbələkləri əlavə edin və 2 dəqiqə qızardın. İstiridyə sousu, soya sousu, şərab və ya şeri, bulyon və şəkəri qarışdırın, tavaya tökün və qarışdıraraq qaynadək gətirin. Qarğıdalı unu və suyu qarışdırıb pasta halına salın, tavaya əlavə edin və sous təmizlənib qalınlaşana və ciyərlər yumşaq olana qədər qarışdıraraq bişirin.

Ananas ilə toyuq qaraciyəri

4 xidmət edir

225 q/8 unsiya toyuq qaraciyəri, yarıya bölünmüş
45 ml/3 xörək qaşığı fıstıq yağı
30 ml/2 xörək qaşığı soya sousu
15 ml/1 xörək qaşığı qarğıdalı unu (qarğıdalı nişastası)
15 ml/1 xörək qaşığı şəkər
15 ml/1 xörək qaşığı şərab sirkəsi
duz və təzə yer bibəri
100 q/4 unsiya ananas parçaları
60 ml/4 xörək qaşığı toyuq bulyonu

Toyuq qaraciyərini qaynar suda 30 saniyə saxlayın, sonra yuyun. Yağı qızdırın və toyuq ciyərlərini 30 saniyə qarışdıraraq qızardın. Soya sousu, qarğıdalı unu, şəkər, sirkə, duz və istiot qarışdırın, tavaya tökün və toyuq ciyərlərini örtmək üçün yaxşıca qarışdırın. Ananas parçaları və bulyon əlavə edin və ciyərlər bişənə qədər təxminən 3 dəqiqə qarışdırın.

Şirin və turş toyuq qaraciyəri

4 xidmət edir

30 ml/2 xörək qaşığı fıstıq yağı
450 q/1 lb toyuq qaraciyəri, dörddə birinə kəsilmiş
2 yaşıl bibər, parçalara kəsilmiş
4 dilim konservləşdirilmiş ananas, parçalara kəsilir
60 ml/4 xörək qaşığı toyuq bulyonu
30 ml/2 xörək qaşığı qarğıdalı unu (qarğıdalı nişastası)
10 ml/2 çay qaşığı soya sousu
100 q/4 oz/½ fincan şəkər
120 ml/4 fl oz/½ fincan şərab sirkəsi
120 ml/4 fl oz/½ fincan su

Yağı qızdırın və qaraciyərləri açıq qəhvəyi olana qədər qızardın, sonra isti bir xidmət qabına köçürün. Bibərləri tavaya əlavə edib 3 dəqiqə qızardın. Ananas və bulyon əlavə edin, bir qaynadək gətirin, örtün və 15 dəqiqə qaynatın. Qalan inqrediyentləri bir pasta halına salın, tavada qarışdırın və sous qalınlaşana qədər qarışdıraraq bişirin. Toyuq qaraciyərinin üzərinə töküb xidmət edin.

Liçi ilə toyuq

4 xidmət edir

3 toyuq döşü
60 ml/4 xörək qaşığı qarğıdalı unu (qarğıdalı nişastası)
45 ml/3 xörək qaşığı fıstıq yağı
5 baş soğan (yağ soğan), dilimlənmiş
1 qırmızı bibər, parçalara kəsilmiş
120 ml/4 fl oz/½ fincan ketçup
120 ml/4 fl oz/½ fincan toyuq bulyonu
5 ml/1 ç.q şəkər
275q/10oz soyulmuş liçi

Toyuq döşlərini yarıya bölün, sümükləri və dərisini çıxarın və atın. Hər döşü 6 hissəyə kəsin. 5 ml/1 ç.q qarğıdalı unu ehtiyatına qoyun, qalan toyuq ətini yaxşıca örtülənə qədər atın. Yağı qızdırın və toyuq ətini qızılı rəng alana qədər təxminən 8 dəqiqə qızardın. Soğan və bibər əlavə edin və 1 dəqiqə qızardın. Pomidor sousunu, bulyonun yarısını və şəkəri qarışdırın və lychees ilə wokda qarışdırın. Bir qaynadək gətirin, örtün və toyuq hazır olana qədər təxminən 10 dəqiqə qaynatın. Qorunan qarğıdalı unu bulyonla qarışdırın və sonra tavaya qarışdırın. Sousu təmizləyənə və qalınlaşana qədər qarışdırın, qaynayın.

Liçi sousu ilə toyuq

4 xidmət edir

225 q/8 unsiya toyuq

1 baş soğan (soğan)

4 su şabalıdı

30 ml/2 xörək qaşığı qarğıdalı unu (qarğıdalı nişastası)

45 ml/3 xörək qaşığı soya sousu

30 ml/2 xörək qaşığı düyü şərabı və ya quru şeri

2 yumurta ağı

dərin qızartmaq üçün yağ

Şərbətdə 400 q/14 oz konservləşdirilmiş liçi

5 xörək qaşığı toyuq bulyonu

Toyuq ətini soğan və şabalıd ilə doğrayın (üyüdün). Yarım qarğıdalı unu, 30 ml/2 xörək qaşığı soya sousu, şərab və ya şeri və yumurta ağını qarışdırın. Qarışığı qoz böyüklüyündə toplar halına salın. Yağı qızdırın və toyuqları qızılı rəng alana qədər qızardın. Mətbəx kağızına süzün.

Bu vaxt, lychee şərbətini ehtiyat və soya sousu ilə yumşaq bir şəkildə qızdırın. Qarğıdalı ununun qalan hissəsini bir az su ilə qarışdırın, tavaya qarışdırın və sous təmizlənənə və qalınlaşana qədər qarışdıraraq qaynadın. Liçiləri qarışdırın və qızdırmaq üçün yumşaq bir şəkildə bişirin. Toyuq ətini isti boşqaba düzün, liçi və sousu tökün və bir anda xidmət edin.

Mangetout ilə toyuq

4 xidmət edir

225 q/8 oz toyuq, incə dilimlənmiş
5 ml/1 çay qaşığı qarğıdalı unu (qarğıdalı nişastası)
5 ml/1 tsp düyü şərabı və ya quru şeri
5 ml/1 çay qaşığı küncüt yağı
1 yumurta ağı, yüngülcə döyülmüşdür
45 ml/3 xörək qaşığı fıstıq yağı
1 diş sarımsaq, sıxılmış
1 dilim zəncəfil kökü, doğranmışdır
100 q/4 unsiya mangetout (qar noxud)

120 ml/4 fl oz/½ fincan toyuq bulyonu
duz və təzə yer bibəri

Toyuqu qarğıdalı unu, şərab və ya şeri, küncüt yağı və yumurta ağı ilə qarışdırın. Yağın yarısını qızdırın və sarımsaq və zəncəfili yüngülcə qızarana qədər qızardın. Toyuq əlavə edin və qızılı qədər qızardın, sonra tavadan çıxarın. Qalan yağı qızdırın və kartofu 2 dəqiqə qızardın. Bulyonu əlavə edin, bir qaynadək gətirin, örtün və 2 dəqiqə qaynatın. Toyuqu tavaya qaytarın və duz və istiot əlavə edin. Qızdırılana qədər yumşaq bir şəkildə bişirin.

Manqo ilə toyuq

4 xidmət edir
100 q/4 oz/1 stəkan adi (ümumməqsədli) un
250 ml/8 fl oz/1 stəkan su
2,5 ml/½ çay qaşığı duz
bir çimdik qabartma tozu
3 toyuq döşü
dərin qızartmaq üçün yağ
1 dilim zəncəfil kökü, doğranmışdır
150 ml/¼ pt/zəngin ½ fincan toyuq bulyonu
45 ml/3 xörək qaşığı şərab sirkəsi
45 ml/3 xörək qaşığı düyü şərabı və ya quru şeri

20 ml/4 ç.q soya sousu

10 ml/2 çay qaşığı şəkər

10 ml/2 çay qaşığı qarğıdalı unu (qarğıdalı nişastası)

5 ml/1 çay qaşığı küncüt yağı

5 baş soğan (yağ soğan), dilimlənmiş

400 q/11 unsiya konservləşdirilmiş manqo, süzülmüş və zolaqlara kəsilmişdir

Un, su, duz və qabartma tozunu birlikdə çalın. 15 dəqiqə buraxın. Toyuqdan dəri və sümükləri çıxarın və atın. Toyuq ətini nazik zolaqlara kəsin. Bunu un qarışığı ilə qarışdırın. Yağı qızdırın və toyuq ətini qızılı rəng alana qədər təxminən 5 dəqiqə qızardın. Tavadan çıxarın və mətbəx kağızına süzün. Wokdan 15 ml/1 xörək qaşığı yağdan başqa hamısını çıxarın və zəncəfili yüngülcə qızarana qədər qızardın. Bulyonu sirkə, şərab və ya şeri, soya sousu, şəkər, qarğıdalı unu və küncüt yağı ilə qarışdırın. Tava əlavə edin və qarışdıraraq qaynadək gətirin. Soğanı əlavə edin və 3 dəqiqə bişirin. Toyuq və manqonu əlavə edin və 2 dəqiqə qarışdıraraq bişirin.

Toyuq dolması qovun

4 xidmət edir

350 q/12 unsiya toyuq əti

6 su şabalıdı

2 dilimlənmiş düyü

4 dilim zəncəfil kökü

5 ml/1 çay qaşığı duz

15 ml/1 xörək qaşığı soya sousu

600 ml/1 pkt/2½ fincan toyuq suyu

8 kiçik və ya 4 orta qovun qovun

Toyuq ətini, şabalıdı, kələm və zəncəfili xırda doğrayıb duz, soya sousu və bulyonla qarışdırın. Qovunların üstlərini kəsin və toxumları çıxarın. Üst kənarları çevirin. Qovunları toyuq qarışığı ilə doldurun və saunada bir rəfdə buraxın. Toyuq bişənə qədər 40 dəqiqə qaynar su üzərində buxarlayın.

Toyuq və göbələkləri qarışdırın

4 xidmət edir

45 ml/3 xörək qaşığı fıstıq yağı

1 diş sarımsaq, sıxılmış

1 baş soğan (soğan), doğranmış

1 dilim zəncəfil kökü, doğranmışdır

225 q/8 oz toyuq göğsü, dilimlərə kəsilmiş

225 q/8 unsiya düyməli göbələk

45 ml/3 xörək qaşığı soya sousu

15 ml/1 xörək qaşığı düyü şərabı və ya quru şeri

5 ml/1 çay qaşığı qarğıdalı unu (qarğıdalı nişastası)

Yağı qızdırın və sarımsağı, soğanı və zəncəfili yüngülcə qızarana qədər qızardın. Toyuq əlavə edin və 5 dəqiqə qızardın. Göbələkləri əlavə edin və 3 dəqiqə qarışdırın. Soya sousu, şərab və ya şeri və qarğıdalı unu əlavə edin və toyuq hazır olana qədər təxminən 5 dəqiqə qızardın.

Göbələk və qoz-fındıq ilə toyuq

4 xidmət edir

30 ml/2 xörək qaşığı fıstıq yağı

2 diş sarımsaq, əzilmiş

1 dilim zəncəfil kökü, doğranmışdır

450q/1lb sümüksüz toyuq, doğranmış

225 q/8 unsiya düyməli göbələk

100 q/4 unsiya bambuk tumurcuqları, zolaqlara kəsilmişdir

1 yaşıl bibər, doğranmışdır

1 qırmızı bibər, doğranmışdır

250 ml/8 fl oz/1 fincan toyuq bulyonu

30 ml/2 xörək qaşığı düyü şərabı və ya quru şeri

15 ml/1 xörək qaşığı soya sousu

15 ml/1 xörək qaşığı tabasko sousu
30 ml/2 xörək qaşığı qarğıdalı unu (qarğıdalı nişastası)
30 ml/2 xörək qaşığı su

Sarımsaq yüngül qızılı olana qədər yağı, sarımsağı və zəncəfili qızdırın. Toyuq əlavə edin və yüngülcə qızarana qədər qarışdırın. Göbələkləri, bambuk tumurcuqlarını və paprika əlavə edin və 3 dəqiqə qarışdırın. Bulyonu, şərabı və ya şeri, soya sousu və tabasko sousunu əlavə edin və qarışdıraraq qaynadək gətirin. Toyuq yaxşı bişənə qədər örtün və təxminən 10 dəqiqə bişirin. Qarğıdalı unu və suyu qarışdırın və sousun içinə qarışdırın. Sousu təmizləyənə və qalınlaşana qədər qarışdıraraq qaynadın, sous çox qalındırsa, bir az daha çox bulyon və ya su əlavə edin.

Göbələk ilə qızardılmış toyuq

4 xidmət edir

6 qurudulmuş Çin göbələyi

1 toyuq göğsü, incə dilimlənmiş

1 dilim zəncəfil kökü, doğranmışdır

2 baş soğan (qab), doğranmış

15 ml/1 xörək qaşığı qarğıdalı unu (qarğıdalı nişastası)

15 ml/1 xörək qaşığı düyü şərabı və ya quru şeri

30 ml/2 xörək qaşığı su

2,5 ml/½ çay qaşığı duz

45 ml/3 xörək qaşığı fıstıq yağı

225 q/8 unsiya dilimlənmiş göbələk

100 q/4 unsiya lobya cücərtiləri

15 ml/1 xörək qaşığı soya sousu

5 ml/1 ç.q şəkər

120 ml/4 fl oz/½ fincan toyuq bulyonu

Göbələkləri 30 dəqiqə isti suda isladın və sonra yuyun. Sapları atın və qapaqları kəsin. Toyuqu bir qaba qoyun. Zəncəfil, baş soğan, qarğıdalı unu, şərab və ya şeri, su və duzu qarışdırın, toyuq ilə qarışdırın və 1 saat dayanmasına icazə verin. Yağın yarısını qızdırın və toyuq ətini açıq qəhvəyi olana qədər qızardın, sonra tavadan çıxarın. Qalan yağı qızdırın və qurudulmuş və təzə göbələkləri və lobya cücərtilərini qarışdıraraq 3 dəqiqə qızardın. Soya sousunu, şəkəri və bulyonu əlavə edin, qaynadək gətirin, örtün və tərəvəzlər bir qədər yumşalana qədər 4 dəqiqə bişirin. Toyuqu tavaya qaytarın, yaxşıca qarışdırın və xidmət etməzdən əvvəl yumşaq bir şəkildə qızdırın.

Göbələk ilə buxarlanmış toyuq

4 xidmət edir

4 ədəd toyuq

30 ml/2 xörək qaşığı qarğıdalı unu (qarğıdalı nişastası)

30 ml/2 xörək qaşığı soya sousu

3 baş soğan (qab), doğranmışdır

2 dilim zəncəfil kökü, doğranmışdır

2,5 ml/½ çay qaşığı duz

100 q/4 unsiya dilimlənmiş göbələk

Toyuq parçalarını 5 sm/2 hissəyə kəsin və sobaya davamlı qaba qoyun. Qarğıdalı unu və soya sousunu pasta halına salın, soğan, zəncəfil və duz əlavə edib, toyuqla yaxşıca qarışdırın. Göbələkləri yumşaq bir şəkildə qarışdırın. Kassanı bir buxar qazanında bir rafa qoyun, örtün və toyuq yumşaq olana qədər təxminən 35 dəqiqə qaynar su üzərində buxarlayın.

Soğan ilə toyuq

4 xidmət edir

60 ml/4 xörək qaşığı fıstıq yağı

2 soğan, doğranmış

450 q/1 lb toyuq, doğranmış

30 ml/2 xörək qaşığı düyü şərabı və ya quru şeri

250 ml/8 fl oz/1 fincan toyuq bulyonu

45 ml/3 xörək qaşığı soya sousu

30 ml/2 xörək qaşığı qarğıdalı unu (qarğıdalı nişastası)

45 ml/3 xörək qaşığı su

Yağı qızdırın və soğanı açıq qəhvəyi olana qədər qızardın. Toyuq əlavə edin və açıq qəhvəyi qədər qızardın. Şərab və ya şeri, bulyonu və soya sousunu əlavə edin, qaynadək gətirin, örtün və toyuq yumşaq olana qədər 25 dəqiqə bişirin. Qarğıdalı nişastası və suyu bir pasta halına salın, tavaya qarışdırın və sous təmizlənənə və qalınlaşana qədər qarışdıraraq qaynamağa icazə verin.

Portağal və limonlu toyuq

4 xidmət edir

350 q/1 lb toyuq, zolaqlara kəsilmiş

30 ml/2 xörək qaşığı fıstıq yağı

2 diş sarımsaq, əzilmiş

2 dilim zəncəfil kökü, doğranmışdır

½ portağalın qızardılmış qabığı

½ limonun rəndələnmiş qabığı

45 ml/3 xörək qaşığı portağal suyu

45 ml/3 xörək qaşığı limon suyu

15 ml/1 xörək qaşığı soya sousu

3 baş soğan (qab), doğranmışdır

15 ml/1 xörək qaşığı qarğıdalı unu (qarğıdalı nişastası)

45 ml/1 xörək qaşığı su

Toyuqları qaynar suda 30 saniyə qaynadın, sonra süzün. Yağı qızdırın və sarımsağı və zəncəfili 30 saniyə qarışdırın. Portağal və limon qabığı və suyu, soya sousu və soğanı əlavə edib 2 dəqiqə qarışdırın. Toyuq əlavə edin və toyuq yumşaq olana qədər bir neçə dəqiqə bişirin. Qarğıdalı unu və suyu bir pasta halına salın, tavada qarışdırın və sous qatılaşana qədər qarışdıraraq bişirin.

İstiridyə sousu ilə toyuq

4 xidmət edir

30 ml/2 xörək qaşığı fıstıq yağı

1 diş sarımsaq, sıxılmış

1 dilim zəncəfil, incə doğranmışdır

450 q/1 lb toyuq, doğranmış

250 ml/8 fl oz/1 fincan toyuq bulyonu

30 ml/2 xörək qaşığı istiridyə sousu

15 ml/1 xörək qaşığı düyü şərabı və ya şeri

5 ml/1 ç.q şəkər

Sarımsaq və zəncəfil ilə yağı qızdırın və açıq qəhvəyi olana qədər qızardın. Toyuq əlavə edin və yüngül qızarana qədər təxminən 3 dəqiqə bişirin. Bulyonu, istiridyə sousunu, şərabı və ya şeri və şəkəri əlavə edin, bir qaynadək gətirin, qarışdırın, örtün və toyuq hazır olana qədər hərdən qarışdıraraq təxminən 15 dəqiqə bişirin.

Qapağı çıxarın və sous azalana və qalınlaşana qədər qarışdıraraq təxminən 4 dəqiqə bişirməyə davam edin.

Toyuq paketləri

4 xidmət edir

225 q/8 unsiya toyuq
30 ml/2 xörək qaşığı düyü şərabı və ya quru şeri
30 ml/2 xörək qaşığı soya sousu
mum kağızı və ya çörəkçilik kağızı
30 ml/2 xörək qaşığı fıstıq yağı
dərin qızartmaq üçün yağ

Toyuq ətini 5 sm/2 kublara kəsin. Şərab və ya şeri və soya sousunu qarışdırın, toyuğun üzərinə tökün və yaxşıca qarışdırın. Üzərini örtün və arabir qarışdıraraq 1 saat dayanmasına icazə verin. Kağızı 10 sm/4 kvadratlara kəsin və yağla fırçalayın. Toyuqları yaxşıca süzün. Bir küncü sizə baxacaq şəkildə iş dəzgahına bir kağız parçası qoyun. Bir parça toyuq ətini mərkəzin altındakı kvadrata qoyun, alt küncü qatlayın və toyuq ətini əhatə etmək üçün yenidən qatlayın. Yanları içəri qatlayın, sonra paketi bərkitmək üçün yuxarı küncü aşağı qatlayın. Yağı qızdırın və toyuq paketlərini bişənə qədər təxminən 5 dəqiqə qızardın. Qonaqların ağızlarını aça bilməsi üçün qablarda isti xidmət edin.

Fındıq ilə toyuq

4 xidmət edir

225 q/8 oz toyuq, incə dilimlənmiş
1 yumurta ağı, yüngülcə döyülmüşdür
10 ml/2 çay qaşığı qarğıdalı unu (qarğıdalı nişastası)
45 ml/3 xörək qaşığı fıstıq yağı
1 diş sarımsaq, sıxılmış
1 dilim zəncəfil kökü, doğranmışdır
2 pırasa, doğranmışdır
30 ml/2 xörək qaşığı soya sousu
15 ml/1 xörək qaşığı düyü şərabı və ya quru şeri
100 q/4 unsiya qovrulmuş fıstıq

Toyuqu yumurta ağı və qarğıdalı unu ilə yaxşıca örtülənə qədər qarışdırın. Yağın yarısını qızdırın və toyuq ətini qızılı rəngə qədər qızardın, sonra tavadan çıxarın. Yağın qalan hissəsini qızdırın və sarımsaq və zəncəfil yumşaq olana qədər qızardın. Pırasa əlavə edin və açıq qəhvəyi olana qədər qızardın. Soya sousu və şərab və ya şerini qarışdırın və 3 dəqiqə qaynatın. Toyuq ətini qoz-fındıq ilə tavaya qaytarın və bişənə qədər yumşaq bir şəkildə bişirin.

Fıstıq yağı ilə toyuq

4 xidmət edir

4 toyuq döşü, doğranmış
duz və təzə yer bibəri
5 ml/1 çay qaşığı beş ədviyyat tozu
45 ml/3 xörək qaşığı fıstıq yağı
1 soğan, dilimlərə kəsin
2 yerkökü, doğranmış
1 kərəviz çubuğu, doğranmışdır
300 ml/½ pkt/1¼ fincan toyuq bulyonu
10 ml/2 çay qaşığı tomat pastası (pasta)
100 q/4 unsiya fıstıq yağı
15 ml/1 xörək qaşığı soya sousu
10 ml/2 çay qaşığı qarğıdalı unu (qarğıdalı nişastası)
bir çimdik qəhvəyi şəkər
15 ml/1 xörək qaşığı doğranmış soğan

Toyuq ətini duz, istiot və beş ədviyyat tozu ilə səpin. Yağı qızdırın və toyuq əti bişənə qədər qızardın. Tavadan çıxarın. Tərəvəzləri əlavə edin və yumşaq, lakin hələ də xırtıldayan qədər qızardın. Bulyonu soğandan başqa qalan inqrediyentlərlə qarışdırın, tavada qarışdırın və qaynadək gətirin. Toyuqu tavaya qaytarın və yenidən qarışdıraraq qızdırın. Şəkər səpərək xidmət edin.

Lobya ilə toyuq

4 xidmət edir

60 ml/4 xörək qaşığı fıstıq yağı

1 soğan, doğranmış

450 q/1 lb toyuq, doğranmış

duz və təzə yer bibəri

100 q/4 unsiya lobya

2 sap kərəviz, doğranmışdır

100 q/4 unsiya göbələk, doğranmışdır

250 ml/8 fl oz/1 fincan toyuq bulyonu

15 ml/1 xörək qaşığı qarğıdalı unu (qarğıdalı nişastası)

15 ml/1 xörək qaşığı soya sousu

60 ml/4 xörək qaşığı su

Yağı qızdırın və soğanı açıq qəhvəyi olana qədər qızardın. Toyuq əlavə edin və qızarana qədər qovurun. Duz və istiot əlavə edin və lobya, kərəviz və göbələk əlavə edin və yaxşı qarışdırın. Bulyonu əlavə edin, bir qaynadək gətirin, örtün və 15 dəqiqə bişirin. Qarğıdalı unu, soya sousu və suyu bir pasta halında qarışdırın, tavaya qarışdırın və sous təmizlənənə və qalınlaşana qədər qarışdıraraq qaynamağa icazə verin.

Pekin toyuq

4 xidmət edir

4 porsiya toyuq

duz və təzə yer bibəri

5 ml/1 ç.q şəkər

1 baş soğan (soğan), doğranmış

1 dilim zəncəfil kökü, doğranmışdır

15 ml/1 xörək qaşığı soya sousu

15 ml/1 xörək qaşığı düyü şərabı və ya quru şeri

15 ml/1 xörək qaşığı qarğıdalı unu (qarğıdalı nişastası)

dərin qızartmaq üçün yağ

Toyuq hissələrini dayaz bir qaba qoyun və duz və istiot səpin. Şəkər, baş soğan, zəncəfil, soya sousu və şərab və ya şeri qarışdırın, toyuğa sürtün, örtün və 3 saat marinat edin. Toyuq ətini süzün və üzərinə qarğıdalı unu səpin. Yağı qızdırın və toyuq ətini qızılı rəng alana və bişənə qədər qızardın. Xidmət vermədən əvvəl yaxşıca süzün.

Paprika ilə toyuq

4 xidmət edir

60 ml/4 xörək qaşığı soya sousu
45 ml/3 xörək qaşığı düyü şərabı və ya quru şeri
45 ml/3 xörək qaşığı qarğıdalı unu (qarğıdalı nişastası)
450 q/1 lb toyuq, doğranmış (üyüdülmüş)
60 ml/4 xörək qaşığı fıstıq yağı
2,5 ml/½ çay qaşığı duz
2 diş sarımsaq, əzilmiş
2 qırmızı bibər, doğranmışdır
1 yaşıl bibər, doğranmışdır
5 ml/1 ç.q şəkər
300 ml/½ pkt/1¼ fincan toyuq bulyonu

Soya sousunun yarısını, şərabın və ya şerinin yarısını və qarğıdalı unun yarısını qarışdırın. Toyuqun üzərinə tökün, yaxşıca qarışdırın və ən azı 1 saat marinat etmək üçün buraxın. Sarımsaq yüngülcə qızarana qədər yağın yarısını duz və sarımsaq ilə qızdırın. Toyuq və marinad əlavə edin və toyuq ağarana qədər təxminən 4 dəqiqə qızardın, sonra tavadan çıxarın. Qalan yağı tavaya əlavə edin və bibərləri 2 dəqiqə qızardın. Qalan soya sousu, şərab və ya şeri və qarğıdalı unu ilə tavaya şəkər əlavə edin və yaxşı qarışdırın. Bulyonu əlavə edin, bir qaynadək gətirin və sous qalınlaşana qədər qarışdıraraq bişirin. Toyuqu tavaya qaytarın, örtün və toyuq hazır olana qədər 4 dəqiqə bişirin.

Paprika ilə qızardılmış toyuq

4 xidmət edir

1 toyuq göğsü, incə dilimlənmiş
2 dilim zəncəfil kökü, doğranmışdır
2 baş soğan (qab), doğranmış
15 ml/1 xörək qaşığı qarğıdalı unu (qarğıdalı nişastası)
30 ml/2 xörək qaşığı düyü şərabı və ya quru şeri
30 ml/2 xörək qaşığı su
2,5 ml/½ çay qaşığı duz
45 ml/3 xörək qaşığı fıstıq yağı
100 q/4 unsiya su şabalıdı, dilimlənmiş
1 qırmızı bolqar bibəri, zolaqlara kəsilmişdir
1 yaşıl bibər, zolaqlara kəsilmiş
1 sarı bolqar bibəri, zolaqlara kəsilmişdir
30 ml/2 xörək qaşığı soya sousu
120 ml/4 fl oz/½ fincan toyuq bulyonu

Toyuqu bir qaba qoyun. Zəncəfil, baş soğan, qarğıdalı unu, şərab və ya şeri, su və duzu qarışdırın, toyuq ilə qarışdırın və 1 saat dayanmasına icazə verin. Yağın yarısını qızdırın və toyuq ətini açıq qəhvəyi olana qədər qızardın, sonra tavadan çıxarın. Qalan yağı qızdırıb su şabalıdı və bibəri 2 dəqiqə qızardın. Soya sousunu və bulyonu əlavə edin, bir qaynadək gətirin, örtün və tərəvəzlər bir qədər yumşaq olana qədər 5 dəqiqə bişirin. Toyuqu tavaya qaytarın, yaxşıca qarışdırın və xidmət etməzdən əvvəl yumşaq bir şəkildə qızdırın.

Toyuq və ananas

4 xidmət edir

30 ml/2 xörək qaşığı fıstıq yağı

5 ml/1 çay qaşığı duz

2 diş sarımsaq, əzilmiş

450g/1lb sümüksüz toyuq, incə dilimlənmiş

2 soğan, dilimlənmiş

100 q/4 unsiya su şabalıdı, dilimlənmiş

100 q/4 unsiya ananas parçaları

30 ml/2 xörək qaşığı düyü şərabı və ya quru şeri

450 ml/¾ pt/2 stəkan toyuq bulyonu

5 ml/1 ç.q şəkər

təzə doğranmış bibər

30 ml/2 xörək qaşığı ananas suyu

30 ml/2 xörək qaşığı soya sousu

30 ml/2 xörək qaşığı qarğıdalı unu (qarğıdalı nişastası)

Sarımsaq açıq qızılı rəng alana qədər yağı, duzu və sarımsağı qızdırın. Toyuq əlavə edin və 2 dəqiqə qarışdırın. Soğan, su şabalıdı və ananası əlavə edib 2 dəqiqə qarışdırın. Şərab və ya şeri, bulyonu və şəkəri əlavə edin və bibərlə səpin. Bir qaynadək gətirin, örtün və 5 dəqiqə qaynatın. Ananas suyu, soya sousu və qarğıdalı unu qarışdırın. Tavada qarışdırın və sous qalınlaşana və təmizlənənə qədər qarışdırın.

Ananas və liçi ilə toyuq

4 xidmət edir

30 ml/2 xörək qaşığı fıstıq yağı
225 q/8 oz toyuq, incə dilimlənmiş
1 dilim zəncəfil kökü, doğranmışdır
15 ml/1 xörək qaşığı soya sousu
15 ml/1 xörək qaşığı düyü şərabı və ya quru şeri
Şərbətdə 200 q/7 unsiya konservləşdirilmiş ananas parçaları
Şərbətdə 200 q/7 unsiya konservləşdirilmiş litchi
15 ml/1 xörək qaşığı qarğıdalı unu (qarğıdalı nişastası)

Yağı qızdırın və toyuqları yüngülcə qızarana qədər qızardın. Soya sousu və şərab və ya şeri əlavə edin və yaxşıca qarışdırın. 250 ml/8 fl oz/1 stəkan qarışmış ananas və liçi siropunu ölçün, 30 ml/2 xörək qaşığı ayırın. Qalanını tavaya əlavə edin, bir qaynadək gətirin və toyuq yumşaq olana qədər bir neçə dəqiqə bişirin. Ananas parçaları və liçi əlavə edin. Qarğıdalı unu şərbətlə qarışdırın, tavada qarışdırın və sous təmizlənənə və qalınlaşana qədər qarışdıraraq bişirin.

Donuz əti ilə toyuq

4 xidmət edir

1 toyuq göğsü, incə dilimlənmiş
100g/4oz yağsız donuz əti, incə dilimlənmiş
60 ml/4 xörək qaşığı soya sousu
15 ml/1 xörək qaşığı qarğıdalı unu (qarğıdalı nişastası)
1 yumurta ağı
45 ml/3 xörək qaşığı fıstıq yağı
3 dilim zəncəfil kökü, doğranmışdır
50 q/2 unsiya bambuk tumurcuqları, dilimlənmiş
225 q/8 unsiya dilimlənmiş göbələk
225 q/8 oz Çin yarpaqları, cırıq
120 ml/4 fl oz/½ fincan toyuq bulyonu
30 ml/2 xörək qaşığı su

Toyuq və donuz ətini qarışdırın. Soya sousu, 5 ml/1 çay qaşığı qarğıdalı nişastası və yumurta ağını qarışdırın və toyuq və donuz ətinə qarışdırın. 30 dəqiqə buraxın. Yağın yarısını qızdırın və toyuq və donuz ətini yüngülcə qızarana qədər qızardın və tavadan çıxarın. Qalan yağı qızdırın və zəncəfil, bambuk tumurcuqları, göbələklər və çin yarpaqlarını yağda yaxşıca örtülənə qədər qızardın. Bulyonu əlavə edin və qaynadək gətirin. Toyuq qarışığını tavaya qaytarın, örtün və ət yumşaq olana qədər təxminən 3 dəqiqə bişirin. Qarğıdalı unun qalan hissəsini su ilə qarışdırın, sousun içinə qarışdırın və sous qalınlaşana qədər qarışdıraraq bişirin. Bir anda xidmət edin.

Kartof ilə qızardılmış toyuq

4 xidmət edir

4 ədəd toyuq
45 ml/3 xörək qaşığı fıstıq yağı
1 soğan, dilimlənmiş
1 diş sarımsaq, sıxılmış
2 dilim zəncəfil kökü, doğranmışdır
450 ml/¾ pt/2 stəkan su
45 ml/3 xörək qaşığı soya sousu
15 ml/1 xörək qaşığı qəhvəyi şəkər
2 kartof, doğranmış

Toyuq ətini 5 sm/2 hissəyə kəsin. Yağı qızdırın və soğanı, sarımsağı və zəncəfili yüngülcə qızarana qədər qızardın. Toyuq əlavə edin və açıq qəhvəyi qədər qızardın. Su və soya sousunu əlavə edib qaynadək gətirin. Şəkərlə qarışdırın, örtün və təxminən 30 dəqiqə bişirin. Tavaya kartof əlavə edin, örtün və toyuq yumşaq olana və kartof bişənə qədər daha 10 dəqiqə bişirin.

Kartof ilə beş ədviyyatlı toyuq

4 xidmət edir

45 ml/3 xörək qaşığı fıstıq yağı

450g/1lb toyuq, parçalara kəsilmiş

duz

45 ml/3 xörək qaşığı sarı lobya pastası

45 ml/3 xörək qaşığı soya sousu

5 ml/1 ç.q şəkər

5 ml/1 çay qaşığı beş ədviyyat tozu

1 kartof, doğranmış

450 ml/¾ pt/2 stəkan toyuq bulyonu

Yağı qızdırın və toyuqları açıq qəhvəyi olana qədər qızardın. Duz səpin və sonra lobya pastası, soya sousu, şəkər və beş ədviyyat tozunu qarışdırın və 1 dəqiqə qarışdırın. Kartofu əlavə edin və yaxşıca qarışdırın, sonra bulyonu əlavə edin, bir qaynadək gətirin, örtün və tenderə qədər təxminən 30 dəqiqə bişirin.

Qırmızı qaynadılmış toyuq

4 xidmət edir

450 q/1 lb toyuq, doğranmış

120 ml/4 fl oz/½ fincan soya sousu

15 ml/1 xörək qaşığı şəkər

2 dilim zəncəfil kökü, incə doğranmışdır

90 ml/6 xörək qaşığı toyuq bulyonu

30 ml/2 xörək qaşığı düyü şərabı və ya quru şeri

4 soğan (qab), dilimlənmiş

Bütün maddələri tavaya qoyun və qaynadək gətirin. Toyuq hazır olana qədər örtün və təxminən 15 dəqiqə qaynatın. Qapağı çıxarın və sous qalınlaşana qədər hərdən qarışdıraraq təxminən 5 dəqiqə qaynamağa davam edin. Soğan səpərək xidmət edin.

Toyuq göbələkləri

4 xidmət edir

225 q/8 unsiya toyuq, doğranmış (üyüdülmüş)
3 su şabalıdı, doğranmışdır
1 baş soğan (soğan), doğranmış
1 dilim zəncəfil kökü, doğranmışdır
2 yumurta ağı
5 ml/2 çay qaşığı duz
5 ml/1 çay qaşığı təzə doğranmış bibər
120 ml/4 fl oz/½ fincan fıstıq yağı (fındıq).
5 ml/1 ç.q. doğranmış vetçina

Toyuq, şabalıd, soğanın yarısını, zəncəfil, yumurta ağını, duz və istiotu qarışdırın. Kiçik toplar düzəldin və düz basın. Yağı qızdırın və qızılı qəhvəyi qədər qızardın, bir dəfə çevirin. Qalan soğan və vetçina ilə səpərək xidmət edin.

Dadlı toyuq

4 xidmət edir

30 ml/2 xörək qaşığı fıstıq yağı

4 ədəd toyuq

3 baş soğan (qab), doğranmışdır

2 diş sarımsaq, əzilmiş

1 dilim zəncəfil kökü, doğranmışdır

120 ml/4 fl oz/½ fincan soya sousu

30 ml/2 xörək qaşığı düyü şərabı və ya quru şeri

30 ml/2 xörək qaşığı qəhvəyi şəkər

5 ml/1 çay qaşığı duz

375 ml/13 fl oz/1½ fincan su

15 ml/1 xörək qaşığı qarğıdalı unu (qarğıdalı nişastası)

Yağı qızdırın və toyuq parçaları qızılı rəng alana qədər qızardın. Soğan, sarımsaq və zəncəfil əlavə edib 2 dəqiqə qızardın. Soya sousu, şərab və ya şeri, şəkər və duz əlavə edin və yaxşı qarışdırın. Su əlavə edin və bir qaynadək gətirin, örtün və 40 dəqiqə bişirin. Qarğıdalı unu bir az su ilə qarışdırın, sousun içinə qarışdırın və sous təmizlənənə və qalınlaşana qədər qarışdıraraq bişirin.

Küncüt yağında toyuq

4 xidmət edir

90 ml/6 xörək qaşığı fıstıq yağı

60 ml/4 xörək qaşığı küncüt yağı

5 dilim zəncəfil kökü

4 ədəd toyuq

600 ml/1 pt/2½ fincan düyü şərabı və ya quru şeri

5 ml/1 ç.q şəkər

duz və təzə yer bibəri

Yağları qızdırın və zəncəfil və toyuqları açıq qəhvəyi rəngə qədər qızardın. Şərab və ya şeri əlavə edin və şəkər, duz və istiot əlavə edin. Bir qaynadək gətirin və toyuq yumşaq olana və sous azalana qədər yumşaq, üstü açıq qaynadın. Qablarda xidmət edin.

Şeri toyuq

4 xidmət edir

30 ml/2 xörək qaşığı fıstıq yağı

4 ədəd toyuq

120 ml/4 fl oz/½ fincan soya sousu
500 ml/17 fl oz/2¼ fincan düyü şərabı və ya quru şeri
30 ml/2 xörək qaşığı şəkər
5 ml/1 çay qaşığı duz
2 diş sarımsaq, əzilmiş
1 dilim zəncəfil kökü, doğranmışdır

Yağı qızdırıb toyuq əti hər tərəfdən qızarana qədər qovurun. Artıq yağı boşaltın və bütün qalan maddələr əlavə edin. Bir qaynadək gətirin, örtün və 25 dəqiqə kifayət qədər yüksək istilikdə bişirin. İstiliyi azaldın və toyuq bişənə və sousu azalana qədər daha 15 dəqiqə bişirin.

Soya sousu ilə toyuq

4 xidmət edir

350q/12oz toyuq, doğranmış
2 baş soğan (qab), doğranmış
3 dilim zəncəfil kökü, doğranmışdır

15 ml/1 xörək qaşığı qarğıdalı unu (qarğıdalı nişastası)
30 ml/2 xörək qaşığı düyü şərabı və ya quru şeri
30 ml/2 xörək qaşığı su
45 ml/3 xörək qaşığı fıstıq yağı
60 ml/4 xörək qaşığı qalın soya sousu
5 ml/1 ç.q şəkər

Toyuq, soğan, zəncəfil, qarğıdalı unu, şərab və ya şeri və suyu qarışdırın və arabir qarışdıraraq 30 dəqiqə buraxın. Yağı qızdırın və toyuq ətini açıq qəhvəyi olana qədər təxminən 3 dəqiqə qızardın. Soya sousunu və şəkəri əlavə edin və toyuq bişənə və yumşaq olana qədər təxminən 1 dəqiqə qarışdırın.

Acılı bişmiş toyuq

4 xidmət edir

150 ml/¼ pt/zəngin ½ fincan soya sousu
2 diş sarımsaq, əzilmiş
50 q/2 oz/¼ fincan qəhvəyi şəkər
1 soğan, incə doğranmışdır
30 ml/2 xörək qaşığı tomat pastası (pasta)
1 dilim limon, doğranmış

1 dilim zəncəfil kökü, doğranmışdır

45 ml/3 xörək qaşığı düyü şərabı və ya quru şeri

4 böyük tikə toyuq

Toyuqdan başqa bütün ərzaqları qarışdırın. Toyuq ətini sobaya davamlı bir qaba qoyun, üzərinə qarışığı tökün, örtün və hərdən səpərək bir gecədə marinat etmək üçün buraxın. Toyuq ətini əvvəlcədən isidilmiş sobada 180°C/350°F/qaz işarəsi 4-də 40 dəqiqə bişirin, vaxtaşırı çevirin və qızardın. Qapağı çıxarın, sobanın temperaturunu 200°C/400°F/qaz işarəsi 6-a qədər artırın və toyuq hazır olana qədər daha 15 dəqiqə bişirməyə davam edin.

İspanaqlı toyuq

4 xidmət edir

100 q/4 unsiya toyuq, doğranmış

15 ml/1 xörək qaşığı vetçina yağı, doğranmışdır

175 ml/6 fl oz/¾ fincan toyuq bulyonu

3 yumurta ağı, yüngülcə döyülür

duz

5 ml/1 çay qaşığı su

450 q/1 lb ispanaq, incə doğranmışdır

5 ml/1 çay qaşığı qarğıdalı unu (qarğıdalı nişastası)

45 ml/3 xörək qaşığı fıstıq yağı

Toyuq, vetçina yağı, 150 ml/¼ pt/böyük ½ fincan toyuq bulyonu, yumurta ağını, 5 ml/1 ç.q duz və suyu qarışdırın. İspanağı bulyonun qalan hissəsi, bir çimdik duz və bir az su ilə qarışdırılmış qarğıdalı unu ilə qarışdırın. Yağın yarısını qızdırın, ispanaqlı qarışığı tavaya əlavə edin və yavaş odda bişənə qədər daim qarışdırın. İsti bir xidmət qabına köçürün və isti saxlayın. Qalan yağı qızdırın və qaşıq dolusu toyuq qarışığından ağarana qədər qızardın. İspanağın üstünə düzün və dərhal xidmət edin.

Toyuq bulyonu

4 xidmət edir

15 ml/1 xörək qaşığı fıstıq yağı

bir çimdik duz

1 diş sarımsaq, sıxılmış

225 q/8 unsiya toyuq, zolaqlara kəsilmiş

100 q/4 unsiya dilimlənmiş göbələk

175 q/6 unsiya kələm, doğranmışdır

100 q/4 unsiya bambuk tumurcuqları, xırdalanmış

50 q/2 unsiya su şabalıdı, rəndələnmişdir

100 q/4 unsiya lobya cücərtiləri

5 ml/1 ç.q şəkər

5 ml/1 tsp düyü şərabı və ya quru şeri
5 ml/1 ç.q soya sousu
8 yaylı dəri
dərin qızartmaq üçün yağ

Yağı, duzu və sarımsağı qızdırın və sarımsaq qızılı rəng almağa başlayana qədər yüngülcə qızardın. Toyuq və göbələkləri əlavə edin və toyuq ağarana qədər bir neçə dəqiqə qızardın. Kələm, bambuk tumurcuqları, su şabalıdı və lobya cücərtilərini əlavə edin və 3 dəqiqə qarışdırın. Şəkər, şərab və ya şeri və soya sousunu əlavə edin, yaxşıca qarışdırın, örtün və son 2 dəqiqə qarışdırın. Bir ələkə köçürün və süzün.

Doldurma qarışığından bir neçə qaşıq dolusu hər yaylı rulon qabığının ortasına qoyun, altını qatlayın, yanlara qatlayın, sonra yuvarlayın və doldurmanın ətrafına yuvarlayın. Kənarını bir az un və su qarışığı ilə bağlayın, sonra 30 dəqiqə qurumağa buraxın. Yağı qızdırın və yay rulonlarını xırtıldayan və qızılı qəhvəyi olana qədər təxminən 10 dəqiqə qızardın. Xidmət vermədən əvvəl yaxşıca süzün.

Balıq ilə buxarlanmış yumurta

4 xidmət edir

zolaqlara kəsilmiş 225 q/8 unsiya daban filesi
30 ml/2 xörək qaşığı qarğıdalı unu (qarğıdalı nişastası)
½ kiçik yaşıl bibər, incə doğranmışdır
1 baş soğan (soğan), incə doğranmışdır
30 ml/2 xörək qaşığı fıstıq yağı
120 ml/4 fl oz/½ fincan toyuq bulyonu
3 yumurta, yüngülcə döyülmüşdür
bir çimdik duz

Qarğıdalı ununda balıq zolaqlarını yüngülcə tozlayın və artıqlığı silkələyin. Onları dayaz bir güveç qabına düzün. Üzərinə bibər, soğan və yağ səpin. Toyuq bulyonunu qızdırın, yumurtaya qarışdırın və duz əlavə edin, sonra qarışığı balığın üzərinə tökün. Yeməyi bir buxar banyosuna qoyun, örtün və balıq bişənə və yumurtalar möhkəm olana qədər yumşaq qaynar su üzərində təxminən 40 dəqiqə buxarlayın.

Vetçina və balıq ilə buxarlanmış yumurta

4-6 üçün

6 yumurta, ayrılmış

225 q/8 unsiya qiymə (üyüdülmüş) cod

375 ml/13 fl oz/1½ fincan isti su

bir çimdik duz

50 q/2 unsiya hisə verilmiş vetçina, doğranmış

15 ml/1 xörək qaşığı fıstıq yağı

düz yarpaqlı cəfəri budaqları

Yumurtanın ağını balıq, suyun yarısı və bir az duz ilə qarışdırın və qarışığı dayaz bir çörək qabına tökün. Yumurta sarılarını qalan su, vetçina və bir az duz ilə qarışdırıb yumurtanın ağı qarışığının üstünə tökün. Yeməyi bir buxar banyosuna qoyun, örtün və yumurtalar möhkəm olana qədər təxminən 20 dəqiqə yumşaq qaynar su üzərində buxarlayın. Yağı qızdırıb qızdırın, yumurtaların üzərinə tökün və cəfəri ilə bəzədib süfrəyə verin.

Donuz əti ilə buxarlanmış yumurta

4 xidmət edir

45 ml/3 xörək qaşığı fıstıq yağı
225 q/8 oz yağsız donuz əti, qiymə (üyüdülmüş)
100 q/4 unsiya su şabalıdı, doğranmış (yer)
1 baş soğan (soğan), doğranmış
30 ml/2 xörək qaşığı soya sousu
5 ml/1 çay qaşığı duz
120 ml/4 fl oz/½ fincan toyuq bulyonu
4 yumurta, yüngülcə döyülmüşdür

Yağı qızdırın və donuz əti, şabalıdı və soğanı açıq rəng alana qədər qovurun. Soya sousunu və duzu qarışdırın, sonra artıq yağı tökün və dayaz bir güveç qabına qoyun. Bulyonu qızdırın, sonra yumurtaya qarışdırın və ətli qarışığın üzərinə tökün. Yeməyi bir buxar qazanında bir rafa qoyun, örtün və yumurtalar yeni qurulana qədər təxminən 30 dəqiqə yumşaq qaynar su üzərində buxarlayın.

Dərin qızardılmış donuz yumurtası

4 xidmət edir

100 q/4 unsiya qiymə (qiymə) donuz əti
2 baş soğan (qab) doğranmışdır
15 ml/1 xörək qaşığı qarğıdalı unu (qarğıdalı nişastası)
15 ml/1 xörək qaşığı düyü şərabı və ya quru şeri
15 ml/1 xörək qaşığı soya sousu
2,5 ml/½ çay qaşığı duz
4 bərk qaynadılmış (bərk qaynadılmış) yumurta
dərin qızartmaq üçün yağ
½ kahı, doğranmışdır

Donuz əti, soğan, qarğıdalı unu, şərab və ya şeri, soya sousu və duzu qarışdırın. Yumurtaları tamamilə örtmək üçün ətrafına forma verin. Yağı qızdırın və qabığı qızılı rəng alana və bişənə qədər yumurtaları qızardın. Çıxarın və yaxşıca süzülməsinə icazə verin, sonra salat yatağına xidmət edin.

Soya sousu Qızardılmış yumurta

4 xidmət edir

45 ml/3 xörək qaşığı fıstıq yağı
4 yumurta
15 ml/1 xörək qaşığı soya sousu
¼ kahı, doğranmışdır

Yağı çox isti olana qədər qızdırın və yumurtaları tavaya çırpın. Alt tərəfi yüngülcə qızarana qədər bişirin, səxavətlə soya sousu səpin və sarısını qırmadan çevirin. 1 dəqiqə daha qızardın. Salatanı boşqaba düzün və üzərinə yumurtaları qoyun ki, süfrəyə verin.

Yarım ay yumurta

4 xidmət edir

45 ml/3 xörək qaşığı fıstıq yağı

4 yumurta

duz və təzə yer bibəri

15 ml/1 xörək qaşığı soya sousu

15 ml/1 xörək qaşığı doğranmış təzə düz yarpaqlı cəfəri

Yağı çox isti olana qədər qızdırın və yumurtaları tavaya çırpın. Alt tərəfi açıq qəhvəyi olana qədər bişirin, sonra duz, istiot və soya sousu ilə səpin. Yumurtanı yarıya bölün və yumşaq bir şəkildə basdırın ki, bir yerdə olsun. Hər iki tərəfi qızılı rəng alana qədər daha 2 dəqiqə bişirin və cəfəri səpərək xidmət edin.

Tərəvəz ilə qızardılmış yumurta

4 xidmət edir

4 qurudulmuş Çin göbələyi

30 ml/2 xörək qaşığı fıstıq yağı

2,5 ml/½ çay qaşığı duz

3 baş soğan (qab), doğranmışdır

50 q/2 unsiya bambuk tumurcuqları, dilimlənmiş

50 q/2 unsiya su şabalıdı, dilimlənmiş

90 ml/6 xörək qaşığı toyuq bulyonu

10 ml/2 çay qaşığı qarğıdalı unu (qarğıdalı nişastası)

15 ml/1 xörək qaşığı su

5 ml/1 ç.q şəkər

dərin qızartmaq üçün yağ

4 yumurta

¼ kahı, doğranmışdır

Göbələkləri 30 dəqiqə isti suda isladın və sonra yuyun. Sapları atın və qapaqları kəsin. Yağı və duzu qızdırın və soğanı 30 saniyə qızardın. Bambuk tumurcuqlarını və su şabalıdını əlavə edib 2 dəqiqə qarışdırın. Bulyonu əlavə edin, bir qaynadək gətirin, örtün və 2 dəqiqə qaynatın. Qarğıdalı unu və suyu bir xəmirə qarışdırın və şəkərlə tavaya qarışdırın. Qarışdıraraq, sousu qalınlaşana qədər qaynatın. Bu vaxt, yağı qızdırın və kənarları qızarmağa başlayana qədər yumurtaları bir neçə dəqiqə qızardın. Kələmi boşqaba düzün, üstünə yumurta qoyun və üzərinə qaynar sousu tökün.

Çin omleti

4 xidmət edir

4 yumurta

duz və təzə yer bibəri

30 ml/2 xörək qaşığı fıstıq yağı

Yumurtaları yüngülcə döyün, duz və istiot əlavə edin. Yağı qızdırın və yumurtaları tavaya tökün və qabı elə çevirin ki, yumurta səthini örtür. Yumurtalar batdıqda, omletin kənarlarını qaldırın ki, bişməmiş yumurta altına sürüşə bilsin. Bir az möhkəm olana qədər bişirin, sonra yarıya qatlayın və bir anda xidmət edin.

Lobya cücərtiləri ilə Çin omleti

4 xidmət edir

100 q/4 unsiya lobya cücərtiləri

4 yumurta

duz və təzə yer bibəri

30 ml/2 xörək qaşığı fıstıq yağı

½ kiçik yaşıl bibər, doğranmışdır

2 baş soğan (qab), doğranmış

Lobya cücərtilərini qaynar suda 2 dəqiqə ağardın, sonra yaxşıca yuyun. Yumurtaları yüngülcə döyün, duz və istiot əlavə edin. Yağı qızdırın və bibər və soğanı 1 dəqiqə qızardın. Fasulye cücərtilərini əlavə edin və yağla örtülənə qədər atın. Yumurtaları tavaya tökün və yumurtanın səthini örtməsi üçün qabı əyin. Yumurtalar batdıqda, omletin kənarlarını qaldırın ki, bişməmiş yumurta altına sürüşə bilsin. Bir az möhkəm olana qədər bişirin, sonra yarıya qatlayın və bir anda xidmət edin.

Gül kələm omleti

4 xidmət edir

1 gül kələm, dilimlərə kəsilmiş

225 q/8 unsiya toyuq, doğranmış (üyüdülmüş)

5 ml/1 çay qaşığı duz

3 yumurta ağı, yüngülcə döyülür

2,5 ml/½ çay qaşığı kərəviz duzu

45 ml/3 xörək qaşığı toyuq bulyonu

45 ml/3 xörək qaşığı fıstıq yağı

Gül kələmini qaynar suda 10 dəqiqə qaynadın, sonra yaxşıca yuyun. Toyuq, duz, yumurta ağları, kərəviz duzu və bulyonu birlikdə qarışdırın. Qarışıq yumşaq zirvələr əmələ gələnə qədər elektrik qarışdırıcı ilə çalın. Yağı qızdırın, toyuq qarışığını əlavə edin və təxminən 2 dəqiqə qarışdırın. Süfrəyə verməzdən əvvəl gül kələmini əlavə edin və əlavə 2 dəqiqə qızardın.

Qəhvəyi souslu cır omleti

4 xidmət edir

15 ml/1 xörək qaşığı fıstıq yağı

4 yumurta, döyülmüş

2,5 ml/½ çay qaşığı duz

200 q/7 unsiya xərçəng əti, lopa şəklində

175 ml/6 fl oz/¾ fincan toyuq bulyonu

15 ml/1 xörək qaşığı soya sousu

10 ml/2 çay qaşığı qarğıdalı unu (qarğıdalı nişastası)

45 ml/3 xörək qaşığı bişmiş yaşıl lobya

Yağı qızdırın. Yumurtaları və duzu döyün və xərçəng ətini qarışdırın. Tavaya tökün və bişirin, yumurtalar sərtləşəndə omletin kənarlarını qaldırın ki, bişməmiş yumurta altına sürüşə bilsin. Bir az möhkəm olana qədər bişirin, sonra yarıya qatlayın və isti bir boşqaba köçürün. Bu vaxt, soya sousunu və qarğıdalı unu qızdırın, qarışıq qaynana və qalınlaşana qədər qarışdırın. 2 dəqiqə qaynadın və sonra lobya ilə qarışdırın. Süfrəyə verməzdən əvvəl omletin üzərinə tökün.

Vetçina və şabalıd ilə omlet

2 xidmət edir

30 ml/2 xörək qaşığı fıstıq yağı
1 soğan, doğranmış
1 diş sarımsaq, sıxılmış
50 q/2 unsiya vetçina, doğranmış
50 q/2 unsiya su şabalıdı, doğranmışdır
15 ml/1 xörək qaşığı soya sousu
50 q/2 unsiya çedar pendiri
3 yumurta, döyülmüş

Yağın yarısını qızdırın və soğan, sarımsaq, vetçina, su şabalıdı və soya sousunu açıq qəhvəyi rəngə qədər qızardın. Onları tavadan çıxarın. Qalan yağı qızdırın, yumurtaları əlavə edin və bişməmiş yumurtanın altına sürüşməsi üçün bərkiməyə başlayanda ortasına çəkin. Yumurta sadəcə bərk olduqda, vetçina qarışığını omletin yarısına tökün, üstünə pendir qoyun və omletin digər yarısını yoğurun. Üzərini örtün və 2 dəqiqə bişirin, sonra çevirin və qızılı rəng alana qədər başqa 2 dəqiqə bişirin.

Xərçəng ilə omlet

4 xidmət edir

4 yumurta
duz və təzə yer bibəri
30 ml/2 xörək qaşığı fıstıq yağı
3 baş soğan (qab), doğranmışdır
100 q/4 unsiya omar əti, doğranmışdır

Yumurtaları yüngülcə döyün, duz və istiot əlavə edin. Yağı qızdırın və soğanı 1 dəqiqə qızardın. Xərçəng əlavə edin və yağla örtülənə qədər qarışdırın. Yumurtaları tavaya tökün və yumurtanın səthini örtməsi üçün qabı əyin. Yumurtalar batdıqda, omletin kənarlarını qaldırın ki, bişməmiş yumurta altına sürüşə bilsin. Bir az möhkəm olana qədər bişirin, sonra yarıya qatlayın və bir anda xidmət edin.

Oyster omleti

4 xidmət edir

4 yumurta
120 ml/4 fl oz/½ fincan süd
12 qaynadılmış istiridyə
3 baş soğan (qab), doğranmışdır
duz və təzə yer bibəri
30 ml/2 xörək qaşığı fıstıq yağı
50 q/2 oz yağsız donuz əti, doğranmışdır
50 q/2 unsiya dilimlənmiş göbələk
50 q/2 unsiya bambuk tumurcuqları, dilimlənmiş

Yumurtaları süd, istiridyə, soğan, duz və istiot ilə birlikdə yüngülcə döyün. Yağı qızdırın və donuz ətini yüngülcə qızarana qədər qızardın. Göbələkləri və bambuk tumurcuqlarını əlavə edin və 2 dəqiqə qarışdırın. Yumurta qarışığını tavaya tökün və bişirin, yumurta bərkidikcə omletin kənarlarını qaldırın ki, bişməmiş yumurta altına sürüşə bilsin. Bir az möhkəm olana qədər bişirin və sonra yarıya qatlayın, omleti çevirin və digər tərəfi yüngülcə qızarana qədər bişirin. Bir anda xidmət edin.

Karides ilə omlet

4 xidmət edir

4 yumurta
15 ml/1 xörək qaşığı düyü şərabı və ya quru şeri
duz və təzə yer bibəri
30 ml/2 xörək qaşığı fıstıq yağı
1 dilim zəncəfil kökü, doğranmışdır
225 q soyulmuş karides

Yumurtaları şərab və ya şeri ilə yüngülcə döyün, duz və istiot əlavə edin. Yağı qızdırın və zəncəfili yüngülcə qızarana qədər qızardın. Karides əlavə edin və yağla örtülənə qədər qarışdırın. Yumurtaları tavaya tökün və yumurtanın səthini örtməsi üçün qabı əyin. Yumurtalar batdıqda, omletin kənarlarını qaldırın ki, bişməmiş yumurta altına sürüşə bilsin. Bir az möhkəm olana qədər bişirin, sonra yarıya qatlayın və bir anda xidmət edin.

Tərəzi ilə omlet

4 xidmət edir

4 yumurta
5 ml/1 ç.q soya sousu
duz və təzə yer bibəri
30 ml/2 xörək qaşığı fıstıq yağı
3 baş soğan (qab), doğranmışdır
225 q/8 unsiya tarak, yarıya bölünmüş

Yumurtaları soya sousu ilə yüngülcə döyün, duz və istiot əlavə edin. Yağı qızdırın və soğanları açıq qəhvəyi olana qədər qızardın. Tərəzi əlavə edin və 3 dəqiqə qarışdırın. Yumurtaları tavaya tökün və yumurtanın səthini örtməsi üçün qabı əyin. Yumurtalar batdıqda, omletin kənarlarını qaldırın ki, bişməmiş yumurta altına sürüşə bilsin. Bir az möhkəm olana qədər bişirin, sonra yarıya qatlayın və bir anda xidmət edin.

Tofu ilə omlet

4 xidmət edir

4 yumurta
duz və təzə yer bibəri
30 ml/2 xörək qaşığı fıstıq yağı
225 q/8 unsiya tofu, püresi

Yumurtaları yüngülcə döyün, duz və istiot əlavə edin. Yağı qızdırın və sonra tofu əlavə edin və qızdırılana qədər qarışdırın. Yumurtaları tavaya tökün və yumurtanın səthini örtməsi üçün qabı əyin. Yumurtalar batdıqda, omletin kənarlarını qaldırın ki, bişməmiş yumurta altına sürüşə bilsin. Bir az möhkəm olana qədər bişirin, sonra yarıya qatlayın və bir anda xidmət edin.

Donuz əti ilə doldurulmuş omlet

4 xidmət edir

50 q/2 unsiya lobya cücərtiləri

60 ml/4 xörək qaşığı fıstıq yağı

225 q/8 oz yağsız donuz əti, doğranmış

3 baş soğan (qab), doğranmışdır

1 kərəviz sapı, doğranmışdır

15 ml/1 xörək qaşığı soya sousu

5 ml/1 ç.q şəkər

4 yumurta, yüngülcə döyülmüşdür

duz

Lobya cücərtilərini 3 dəqiqə qaynar suda ağardın, sonra yaxşıca yuyun. Yağın yarısını qızdırın və donuz ətini yüngülcə qızarana qədər qızardın. Soğan və kərəviz əlavə edin və 1 dəqiqə qarışdırın. Soya sousunu və şəkəri əlavə edib 2 dəqiqə qarışdırın. Tavadan çıxarın. Çırpılmış yumurtaları duzla səpin. Qalan yağı qızdırın və yumurtaları tavaya tökün, qabı çevirin ki, yumurta səthini örtür. Yumurtalar batdıqda, omletin kənarlarını qaldırın ki, bişməmiş yumurta altına sürüşə bilsin. İçliyi omletin yarısına qoyun və yarıya qatlayın. Yalnız möhkəm olana qədər bişirin və bir anda xidmət edin.

Karideslə doldurulmuş omlet

4 xidmət edir

30 ml/2 xörək qaşığı fıstıq yağı

2 sap kərəviz, doğranmışdır

2 baş soğan (qab), doğranmış

225 q/8 unsiya soyulmuş karides, yarıya bölünmüş

4 yumurta, yüngülcə döyülmüşdür

duz

Yağın yarısını qızdırın və kərəviz və soğanı açıq qəhvəyi olana qədər qızardın. Karides əlavə edin və örtülənə qədər qarışdırın. Tavadan çıxarın. Çırpılmış yumurtaları duzla səpin. Qalan yağı qızdırın və yumurtaları tavaya tökün, qabı çevirin ki, yumurta səthini örtür. Yumurtalar batdıqda, omletin kənarlarını qaldırın ki, bişməmiş yumurta altına sürüşə bilsin. İçliyi omletin yarısına qoyun və yarıya qatlayın. Yalnız möhkəm olana qədər bişirin və bir anda xidmət edin.

Toyuq doldurulması ilə buxarlanmış omlet rulonları

4 xidmət edir

4 yumurta, yüngülcə döyülmüşdür

duz

15 ml/1 xörək qaşığı fıstıq yağı

100 q/4 unsiya bişmiş toyuq, doğranmış

2 dilim zəncəfil kökü, doğranmışdır

1 soğan, doğranmış

120 ml/4 fl oz/½ fincan toyuq bulyonu

15 ml/1 xörək qaşığı düyü şərabı və ya quru şeri

Yumurtaları döyün və duz əlavə edin. Bir az yağ qızdırın və qarışığı tavaya yaymaq üçün əyərək yumurtaların dörddə birinə tökün. Bir tərəfdə yüngül qızarana qədər qızardın və sadəcə qoyun, sonra bir boşqaba çevirin. Qalan 4 omleti bişirin. Toyuq, zəncəfil və soğanı qarışdırın. Qarışığı omletlərin arasına bərabər şəkildə tökün, yuvarlayın, kokteyl çubuqları ilə bərkidin və rulonları dayaz bir çörək qabına düzün. Buxarda rəf üzərinə qoyun, örtün və 15 dəqiqə buxarlayın. İsti bir qaba köçürün və qalın dilimlərə kəsin. Bu vaxt, bulyonu və şeri qızdırın və duz ilə səpin. Omletləri üzərinə töküb xidmət edin.

Oster pancake

4-6 üçün

12 istiridye
4 yumurta, yüngülcə döyülmüşdür
3 ədəd baş soğan (kök soğan), dilimlənmiş
duz və təzə yer bibəri
6 ml/4 xörək qaşığı adi (bütün təyinatlı) un
2,5 ml/½ çay qaşığı qabartma tozu
45 ml/3 xörək qaşığı fıstıq yağı

İstiridyələri kəsin, 60 ml/4 xörək qaşığı spirt ehtiyatına qoyun və kobudcasına doğrayın. Yumurtaları istiridyə, soğan, duz və istiot ilə qarışdırın. Un və qabartma tozunu qarışdırın, pendir qarışığı ilə qarışdırın və qarışığı yumurtaya qarışdırın. Kiçik pancake etmək üçün bir az yağ qızdırın və xəmirdən qaşıq dolusu qızardın. Hər tərəfi yüngülcə qızarana qədər bişirin, sonra tavaya bir az da yağ əlavə edin və bütün qarışıq istifadə olunana qədər davam edin.

Karides pancake

4 xidmət edir

50 q/4 unsiya soyulmuş karides, doğranmışdır
4 yumurta, yüngülcə döyülmüşdür
75 q/3 oz/yığın ½ stəkan sadə (ümumməqsədli) un
duz və təzə yer bibəri
120 ml/4 fl oz/½ fincan toyuq bulyonu
2 baş soğan (qab), doğranmış
30 ml/2 xörək qaşığı fıstıq yağı

Yağdan başqa bütün maddələri qarışdırın. Yağı bir az qızdırın, xəmirin dörddə birini tökün, dibinə yaymaq üçün tavanı əyin. Altını yüngülcə qızarana qədər bişirin, sonra çevirin və digər tərəfi qızardın. Tavadan çıxarın və qalan pancakeləri bişirməyə davam edin.

Çin pişmiş yumurta

4 xidmət edir

4 yumurta, döyülmüş
2 baş soğan (qab), doğranmış
bir çimdik duz
5 ml/1 ç.q soya sousu (isteğe bağlı)
30 ml/2 xörək qaşığı fıstıq yağı

İstifadə edirsinizsə, yumurtaları soğan, duz və soya sousu ilə döyün. Yağı qızdırın və sonra yumurta qarışığına tökün. Yumurtalar yeni qurulana qədər çəngəl ilə yumşaq bir şəkildə qarışdırın. Bir anda xidmət edin.

Balıq ilə qaynadılmış yumurta

4 xidmət edir

225 q/8 unsiya balıq filesi
30 ml/2 xörək qaşığı fıstıq yağı
1 dilim zəncəfil kökü, doğranmışdır
2 baş soğan (qab), doğranmış
4 yumurta, yüngülcə döyülmüşdür
duz və təzə yer bibəri

Balıqları sobaya davamlı bir qaba qoyun və bir buxarda rəfə qoyun. Təxminən 20 dəqiqə örtün və buxarlayın, sonra dərini çıxarın və ətini düzəldin. Yağı qızdırın və zəncəfil və soğanı açıq qəhvəyi olana qədər qızardın. Balıqları əlavə edin və yağla örtülənə qədər qarışdırın. Yumurtaları duz və istiotla səpin, sonra tavaya tökün və yumurtalar möhkəm olana qədər çəngəl ilə yumşaq qarışdırın. Bir anda xidmət edin.

Göbələk ilə qaynadılmış yumurta

4 xidmət edir

30 ml/2 xörək qaşığı fıstıq yağı

4 yumurta, döyülmüş

3 baş soğan (qab), doğranmışdır

bir çimdik duz

5 ml/1 ç.q soya sousu

100 q/4 unsiya göbələk, təxminən doğranmışdır

Yağın yarısını qızdırın və göbələklər bişənə qədər bir neçə dəqiqə yumşaq bir şəkildə qızardın, sonra tavadan çıxarın. Yumurtaları soğan, duz və soya sousu ilə döyün. Qalan yağı qızdırın və sonra yumurta qarışığına tökün. Yumurtalar bərkiməyə başlayana qədər çəngəl ilə yumşaq bir şəkildə qarışdırın, sonra göbələkləri tavaya qaytarın və yumurtalar yeni qurulana qədər bişirin. Bir anda xidmət edin.

İstiridyə sousu ilə qaynadılmış yumurta

4 xidmət edir

4 yumurta, döyülmüş

3 baş soğan (qab), doğranmışdır

duz və təzə yer bibəri

5 ml/1 ç.q soya sousu

30 ml/2 xörək qaşığı fıstıq yağı

15 ml/1 xörək qaşığı istiridyə sousu

100 q/4 unsiya bişmiş vetçina, doğranmışdır

2 budaq düz yarpaqlı cəfəri

Yumurtaları soğan, duz, istiot və soya sousu ilə döyün. Yağın yarısını qarışdırın. Qalan yağı qızdırın və sonra yumurta qarışığına tökün. Yumurtalar bərkiməyə başlayana qədər çəngəl ilə yavaşca qarışdırın, sonra istiridyə sousunu əlavə edin və yumurtalar yenicə qurulana qədər bişirin. Vetçina və cəfəri ilə bəzəyərək xidmət edin.

Donuz əti ilə qaynadılmış yumurta

4 xidmət edir

225 q/8 oz yağsız donuz əti, dilimlənmiş
30 ml/2 xörək qaşığı soya sousu
30 ml/2 xörək qaşığı fıstıq yağı
2 baş soğan (qab), doğranmış
4 yumurta, döyülmüş
bir çimdik duz
5 ml/1 ç.q soya sousu

Donuz əti və soya sousunu qarışdırın ki, donuz əti yaxşı örtülü olsun. Yağı qızdırın və donuz ətini yüngülcə qızarana qədər qızardın. Soğanları əlavə edin və 1 dəqiqə qarışdırın. Yumurtaları soğan, duz və soya sousu ilə döyün və sonra yumurta qarışığını tavaya tökün. Yumurtalar yeni qurulana qədər çəngəl ilə yumşaq bir şəkildə qarışdırın. Bir anda xidmət edin.

Donuz əti və karides ilə qaynadılmış yumurta

4 xidmət edir

100 q/4 unsiya qiymə (qiymə) donuz əti
225 q soyulmuş karides
2 baş soğan (qab), doğranmış
1 dilim zəncəfil kökü, doğranmışdır
5 ml/1 çay qaşığı qarğıdalı unu (qarğıdalı nişastası)
15 ml/1 xörək qaşığı düyü şərabı və ya quru şeri
15 ml/1 xörək qaşığı soya sousu
duz və təzə yer bibəri
45 ml/3 xörək qaşığı fıstıq yağı
4 yumurta, yüngülcə döyülmüşdür

Donuz əti, karides, baş soğan, zəncəfil, qarğıdalı unu, şərab və ya şeri, soya sousu, duz və istiot qarışdırın. Yağı qızdırın və açıq qəhvəyi olana qədər donuz qarışığını qızardın. Yumurtaları tökün və yumurtalar sərtləşənə qədər çəngəl ilə yumşaq bir şəkildə qarışdırın. Bir anda xidmət edin.

İspanaq ilə qaynadılmış yumurta

4 xidmət edir

45 ml/3 xörək qaşığı fıstıq yağı
225 q/8 unsiya ispanaq
4 yumurta, döyülmüş
2 baş soğan (qab), doğranmış
bir çimdik duz

Yağın yarısını qızdırın və ispanaq parlaq yaşıllaşana, lakin solmayana qədər bir neçə dəqiqə qızardın. Tavadan çıxarın və incə doğrayın. İstifadə edirsinizsə, yumurtaları soğan, duz və soya sousu ilə döyün. İspanaqı qarışdırın. Yağı qızdırın və sonra yumurta qarışığına tökün. Yumurtalar yeni qurulana qədər çəngəl ilə yumşaq bir şəkildə qarışdırın. Bir anda xidmət edin.

Soğan ilə qaynadılmış yumurta

4 xidmət edir

4 yumurta, döyülmüş
8 baş soğan (qab), doğranmışdır
duz və təzə yer bibəri
5 ml/1 ç.q soya sousu
30 ml/2 xörək qaşığı fıstıq yağı

Yumurtaları soğan, duz, istiot və soya sousu ilə döyün. Yağı qızdırın və sonra yumurta qarışığına tökün. Yumurtalar yeni qurulana qədər çəngəl ilə yumşaq bir şəkildə qarışdırın. Bir anda xidmət edin.

Pomidor ilə bişmiş yumurta

4 xidmət edir

4 yumurta, döyülmüş
2 baş soğan (qab), doğranmış
bir çimdik duz
30 ml/2 xörək qaşığı fıstıq yağı
3 pomidor, soyulmuş və doğranmışdır

Yumurtaları soğan və duz ilə döyün. Yağı qızdırın və sonra yumurta qarışığına tökün. Yumurtalar bərkiməyə başlayana qədər yumşaq bir şəkildə qarışdırın, sonra pomidorları qarışdırın və sadəcə qurulana qədər qarışdıraraq bişirməyə davam edin. Bir anda xidmət edin.

Tərəvəz ilə bişmiş yumurta

4 xidmət edir

30 ml/2 xörək qaşığı fıstıq yağı

5 ml/1 çay qaşığı küncüt yağı

1 yaşıl bibər, doğranmışdır

1 diş sarımsaq, doğranmışdır

100 q/4 unsiya mangetout (qar noxud), yarıya bölünmüşdür

4 yumurta, döyülmüş

2 baş soğan (qab), doğranmış

bir çimdik duz

5 ml/1 ç.q soya sousu

Fıstıq yağının yarısını küncüt yağı ilə qızdırın və açıq qəhvəyi olana qədər bibər və sarımsağı qızardın. Kələm əlavə edin və 1 dəqiqə qarışdırın. Yumurtaları soğan, duz və soya sousu ilə döyün və sonra qarışığı tavaya tökün. Yumurtalar yeni qurulana qədər çəngəl ilə yumşaq bir şəkildə qarışdırın. Bir anda xidmət edin.

Toyuq suflesi

4 xidmət edir

100q/4oz toyuq göğsü, doğranmışdır

(yer)

45 ml/3 xörək qaşığı toyuq bulyonu

2,5 ml/½ çay qaşığı duz

4 yumurta ağı

75 ml/5 xörək qaşığı fıstıq yağı

Toyuq, bulyon və duzu yaxşıca qarışdırın. Yumurta ağını bərkiyənə qədər çalın və qarışığa qatın. Yağı odda qızdırın, qarışığı əlavə edin və yaxşıca qarışdırın, sonra istiliyi azaldın və qarışıq bir az sərtləşənə qədər yumşaq qarışdıraraq bişirməyə davam edin.

Crab sufle

4 xidmət edir

100 q/4 unsiya xərçəng əti, lopa şəklində

duz

15 ml/1 xörək qaşığı qarğıdalı unu (qarğıdalı nişastası)

120 ml/4 fl oz/½ fincan süd

4 yumurta ağı

75 ml/5 xörək qaşığı fıstıq yağı

Xərçəng əti, duz, qarğıdalı unu qarışdırın və yaxşı qarışdırın. Yumurta ağını sərtləşənə qədər çalın, sonra qarışığa qatın. Yağı odda qızdırın, qarışığı əlavə edin və yaxşıca qarışdırın, sonra istiliyi azaldın və qarışıq bir az sərtləşənə qədər yumşaq qarışdıraraq bişirməyə davam edin.

Crab və zəncəfil sufle

4 xidmət edir

75 ml/5 xörək qaşığı fıstıq yağı
2 dilim zəncəfil kökü, doğranmışdır
1 baş soğan (soğan), doğranmış
100 q/4 unsiya xərçəng əti, lopa şəklində
duz
15 ml/1 xörək qaşığı düyü şərabı və ya quru şeri
120 ml/4 fut oz/k stəkan süd
60 ml/4 xörək qaşığı toyuq bulyonu
15 ml/2 xörək qaşığı qarğıdalı unu (qarğıdalı nişastası)
4 yumurta ağı
5 ml/1 çay qaşığı küncüt yağı

Yağın yarısını qızdırın və yumşaq olana qədər zəncəfil və soğanı qızardın. Xərçəng ətini və duzu qarışdırın, oddan çıxarın və bir az sərinləyin. Şərab və ya şeri, süd, bulyonu və qarğıdalı unu qarışdırın və sonra bunu xərçəng əti qarışığına qarışdırın. Yumurta ağını sərtləşənə qədər çalın, sonra qarışığa qatın. Qalan yağı bir qaynadək qızdırın, qarışığı əlavə edin və yaxşıca qarışdırın, istiliyi azaldın və qarışıq yalnız sərtləşənə qədər yumşaq qarışdıraraq bişirməyə davam edin.

Balıq suflesi

4 xidmət edir

3 yumurta, ayrılmış

5 ml/1 ç.q soya sousu

5 ml/1 ç.q şəkər

duz və təzə yer bibəri

450 q/1 lb balıq filesi

45 ml/3 xörək qaşığı fıstıq yağı

Yumurta sarısını soya sousu, şəkər, duz və istiot ilə qarışdırın. Balıqları böyük parçalara kəsin. Balıqları yaxşı örtülənə qədər qarışığa batırın. Yağı qızdırın və balığı alt tərəfi açıq qəhvəyi olana qədər qızardın. Yumurta ağları sərt olanda çalın. Balıqları çevirin və yumurtanın ağını balığın üstünə tökün. Alt tərəfi yüngülcə qızarana qədər 2 dəqiqə bişirin, sonra çevirin və yumurta ağları çəkilib qızılı rəng alana qədər daha 1 dəqiqə bişirin. Pomidor sousu ilə xidmət edin.

Karidesli sufle

4 xidmət edir

225 q/8 unsiya soyulmuş karides, doğranmışdır
1 dilim zəncəfil kökü, doğranmışdır
15 ml/1 xörək qaşığı düyü şərabı və ya quru şeri
15 ml/1 xörək qaşığı soya sousu
duz və təzə yer bibəri
4 yumurta ağı
45 ml/3 xörək qaşığı fıstıq yağı

Karides, zəncəfil, şərab və ya şeri, soya sousu, duz və istiot qarışdırın. Yumurta ağını sərtləşənə qədər çalın, sonra qarışığa qatın. Yağı odda qızdırın, qarışığı əlavə edin və yaxşıca qarışdırın, sonra istiliyi azaldın və qarışıq bir az sərtləşənə qədər yumşaq qarışdıraraq bişirməyə davam edin.

Lobya cücərtiləri ilə karides sufle

4 xidmət edir

100 q/4 unsiya lobya cücərtiləri
100g/4oz qabığı soyulmuş karides, kobud doğranmışdır
2 baş soğan (qab), doğranmış
5 ml/1 çay qaşığı qarğıdalı unu (qarğıdalı nişastası)
15 ml/1 xörək qaşığı düyü şərabı və ya quru şeri
120 ml/4 fl oz/½ fincan toyuq bulyonu
duz
4 yumurta ağı
45 ml/3 xörək qaşığı fıstıq yağı

Lobya cücərtilərini 2 dəqiqə qaynar suda ağardın, sonra süzün və isti saxlayın. Bu vaxt, karides, soğan, qarğıdalı unu, şərab və ya şerini qarışdırın və duz əlavə edin. Yumurta ağını sərtləşənə qədər çalın, sonra qarışığa qatın. Yağı odda qızdırın, qarışığı əlavə edin və yaxşıca qarışdırın, sonra istiliyi azaldın və qarışıq bir az sərtləşənə qədər yumşaq qarışdıraraq bişirməyə davam edin. İsti bir xidmət qabına qoyun və üzərinə lobya cücərtiləri qoyun.

Tərəvəz suflesi

4 xidmət edir

5 yumurta, ayrılmış
3 kartof, rəndələnmiş
1 kiçik soğan, incə doğranmışdır
15 ml/1 xörək qaşığı doğranmış təzə cəfəri
5 ml/1 ç.q soya sousu
duz və təzə yer bibəri

Yumurta ağını bərkiyənə qədər çalın. Yumurta sarılarını ağarıb qalınlaşana qədər çalın, sonra kartof, soğan, cəfəri və soya sousunu əlavə edib yaxşıca qarışdırın.

Yumurta ağını əlavə edib qarışdırın. Yağlanmış sufle qabına tökün və əvvəlcədən isidilmiş sobada 180°C/350°F/qaz işarəsi 4-də təxminən 40 dəqiqə bişirin.

Yumurta Fu Yung

4 xidmət edir

4 yumurta, yüngülcə döyülmüşdür
duz
100 q/4 unsiya bişmiş toyuq, doğranmış
1 soğan, doğranmış
2 sap kərəviz, doğranmışdır
50 q/2 unsiya göbələk, doğranmış
30 ml/2 xörək qaşığı fıstıq yağı
yumurta foo yung sousu

Yumurta, duz, toyuq, soğan, kərəviz və göbələkləri qarışdırın. Yağdan bir az qızdırın və qarışığın dörddə birini tavaya tökün. Alt tərəfi açıq qəhvəyi olana qədər qızardın, sonra çevirin və digər tərəfi qızardın. Yumurta foo yung sousu ilə xidmət edin.

Dərin qızardılmış yumurta Foo Yung

4 xidmət edir

4 yumurta, yüngülcə döyülmüşdür
5 ml/1 çay qaşığı duz
100 q/4 unsiya hisə verilmiş vetçina, doğranmışdır
100 q/4 unsiya göbələk, doğranmışdır
15 ml/1 xörək qaşığı soya sousu
dərin qızartmaq üçün yağ

Yumurtaları duz, vetçina, göbələk və soya sousu ilə qarışdırın. Yağı qızdırın və qarışığın qaşıqlarını diqqətlə yağa tökün. Səthə çıxana qədər bişirin və hər iki tərəfi qəhvəyi olana qədər çevirin. Yağdan çıxarın və qalan pancakeləri bişirərkən süzün.

Göbələk ilə Crab Fu Yung

4 xidmət edir

6 yumurta, döyülmüş

45 ml/3 xörək qaşığı qarğıdalı unu (qarğıdalı nişastası)

100 q/4 unsiya xərçəng əti

100 q/4 unsiya göbələk, doğranmış

100 q/4 unsiya dondurulmuş noxud

2 baş soğan (qab), doğranmış

5 ml/1 çay qaşığı duz

45 ml/3 xörək qaşığı fıstıq yağı

Yumurtaları döyün və sonra qarğıdalı unu ilə döyün. Yağdan başqa hər şeyi əlavə edin. Təxminən 7,5 sm diametrli kiçik pancake etmək üçün yağı bir az qızdırın və qarışığı az-az tavaya tökün. Dibi açıq qəhvəyi olana qədər qızardın, sonra çevirin və digər tərəfi qızardın. Bütün qarışığı istifadə edənə qədər davam edin.

Ham Yumurta Fu Yung

4 xidmət edir

60 ml/4 xörək qaşığı fıstıq yağı

50 q/2 unsiya bambuk tumurcuqları, doğranmışdır

50 q/2 unsiya su şabalıdı, doğranmış

2 baş soğan (qab), doğranmış

2 sap kərəviz, doğranmışdır

50 q/2 unsiya hisə verilmiş vetçina, doğranmış

15 ml/1 xörək qaşığı soya sousu

2,5 ml/½ çay qaşığı şəkər

2,5 ml/½ çay qaşığı duz

4 yumurta, yüngülcə döyülmüşdür

Yağın yarısını qızdırın və bambuk tumurcuqlarını, su şabalıdını, soğanı və kərəvizi təxminən 2 dəqiqə qızardın. Vetçina, soya sousu, şəkər və duzu qarışdırın, tavadan çıxarın və bir az sərinləyin. Qarışığı döyülmüş yumurtaya qarışdırın. Qalan yağı bir az qızdırın və qarışığı tavaya az-az tökün ki, diametri təxminən 7,5 sm olan kiçik pancake hazırlayın. Dibi açıq qəhvəyi olana qədər qızardın, sonra çevirin və digər tərəfi qızardın. Bütün qarışığı istifadə edənə qədər davam edin.

Qızardılmış Donuz Yumurtası Foo Yung

4 xidmət edir

4 qurudulmuş Çin göbələyi
60 ml/3 xörək qaşığı fıstıq yağı
100 q/4 unsiya qızardılmış donuz əti, doğranmışdır
100 q/4 unsiya Çin kələmi, doğranmışdır
50 q/2 unsiya bambuk tumurcuqları, dilimlənmiş
50 q/2 unsiya su şabalıdı, dilimlənmiş
4 yumurta, yüngülcə döyülmüşdür
duz və təzə yer bibəri

Göbələkləri 30 dəqiqə isti suda isladın və sonra yuyun. Sapları atın və qapaqları kəsin. 30 ml/2 xörək qaşığı yağı qızdırın və göbələkləri, donuz əti, kələm, bambuk tumurcuqları və su şabalıdını 3 dəqiqə qızardın. Tavadan çıxarın və bir az sərinləyin, sonra onları yumurta ilə qarışdırın, duz və istiot əlavə edin. Qalan yağı bir az qızdırın və qarışığı tavaya az-az tökün ki, diametri təxminən 7,5 sm olan kiçik pancake hazırlayın. Dibi açıq qəhvəyi olana qədər qızardın, sonra çevirin və digər tərəfi qızardın. Bütün qarışığı istifadə edənə qədər davam edin.

Donuz əti və karides yumurtası Foo Yung

4 xidmət edir

45 ml/3 xörək qaşığı fıstıq yağı

100g/4oz yağsız donuz əti, dilimlənmiş

1 soğan, doğranmış

225 q soyulmuş karides, dilimlərə kəsilir

50 q/2 unsiya Çin kələmi, doğranmışdır

4 yumurta, yüngülcə döyülmüşdür

duz və təzə yer bibəri

30 ml/2 xörək qaşığı yağı qızdırın və donuz əti və soğanı açıq qəhvəyi olana qədər qızardın. Karidesləri əlavə edin və yağla örtülənə qədər qarışdırın, sonra kələm əlavə edin, yaxşıca qarışdırın, örtün və 3 dəqiqə qaynatın. Tavadan çıxarın və bir az sərinləyin. Ət qarışığını yumurtaya əlavə edin və duz və istiot əlavə edin. Qalan yağı bir az qızdırın və qarışığı tavaya az-az tökün ki, diametri təxminən 7,5 sm olan kiçik pancake hazırlayın. Dibi açıq qəhvəyi olana qədər qızardın, sonra çevirin və digər tərəfi qızardın. Bütün qarışığı istifadə edənə qədər davam edin.

ağ düyü

4 xidmət edir

225 q/8 oz/1 stəkan uzun taxıllı düyü

15 ml/1 xörək qaşığı yağ
750 ml/1¼ bal/3 stəkan su

Düyü yuyun və sonra bir qazana qoyun. Yağa su əlavə edin və sonra tavaya əlavə edin ki, düyüdən təxminən 2,5 sm/1 yuxarı qalxsın. Bir qaynadək gətirin, örtün, istiliyi azaldın və 20 dəqiqə yumşaq bir şəkildə bişirin.

Qaynadılmış qəhvəyi düyü

4 xidmət edir

225 q/8 oz/1 stəkan uzun taxıllı qəhvəyi düyü
5 ml/1 çay qaşığı duz
900 ml/1½ pt/3¾ stəkan su

Düyü yuyun və sonra bir qazana qoyun. Düyüdən təxminən 3 sm/1¼ yuxarı qalxmaq üçün duz və su əlavə edin. Bir qaynağa gətirin, sıx bir qapaq ilə örtün, istiliyi azaldın və quru qaynamamağa diqqət yetirərək 30 dəqiqə yavaş-yavaş qaynadın.

Mal əti ilə düyü

4 xidmət edir

225 q/8 oz/1 stəkan uzun taxıllı düyü
100 q/4 unsiya qiymə mal əti

1 dilim zəncəfil kökü, doğranmışdır

15 ml/1 xörək qaşığı soya sousu

15 ml/1 xörək qaşığı düyü şərabı və ya quru şeri

5 ml/1 çay qaşığı fıstıq yağı

2,5 ml/½ çay qaşığı şəkər

2,5 ml/½ çay qaşığı duz

Düyünü böyük bir tavaya qoyun və qaynadək gətirin. Qapağı örtün və mayenin çox hissəsi udulana qədər təxminən 10 dəqiqə bişirin. Qalan inqrediyentləri qarışdırın, düyünün üstünə düzün, örtün və bişənə qədər aşağı istilikdə daha 20 dəqiqə bişirin. Xidmət vermədən əvvəl maddələri birlikdə qarışdırın.

Toyuq qaraciyəri düyü

4 xidmət edir

225 q/8 oz/1 stəkan uzun taxıllı düyü

375 ml/13 fl oz/1 ½ fincan toyuq bulyonu

duz

2 bişmiş toyuq qaraciyəri, incə dilimlənmiş

Düyü və bulyonu böyük bir tavaya qoyun və qaynadək gətirin. Düyü demək olar ki, yumşaq olana qədər təxminən 10 dəqiqə örtün və qaynamaq. Qapağı çıxarın və ehtiyatın çox hissəsi udulana qədər qaynamağa davam edin. Dadmaq üçün duz əlavə edin, toyuq qaraciyərini qarışdırın və xidmət etməzdən əvvəl yumşaq bir şəkildə qızdırın.

Toyuq və göbələk düyü

4 xidmət edir

225 q/8 oz/1 stəkan uzun taxıllı düyü
100 q/4 unsiya toyuq, doğranmış
100 q/4 unsiya göbələk, doğranmış

5 ml/1 çay qaşığı qarğıdalı unu (qarğıdalı nişastası)

5 ml/1 ç.q soya sousu

5 ml/1 tsp düyü şərabı və ya quru şeri

bir çimdik duz

15 ml/1 xörək qaşığı doğranmış soğan (soğan)

15 ml/1 xörək qaşığı istiridyə sousu

Düyünü böyük bir tavaya qoyun və qaynadək gətirin. Qapağı örtün və mayenin çox hissəsi udulana qədər təxminən 10 dəqiqə bişirin. Soğan və istiridyə sousundan başqa bütün qalan inqrediyentləri qarışdırın, düyünün üstünə düzün, örtün və bişənə qədər zəif odda daha 20 dəqiqə bişirin. Tərkibləri birlikdə qarışdırın və xidmət etməzdən əvvəl soğan və istiridyə sousu ilə səpin.

kokoslu düyü

4 xidmət edir

225 q/8 oz/1 stəkan Tay Ətirli Düyü

1 l/1¾ pts/4¼ fincan kokos südü

150 ml/¼ pt/zəngin ½ fincan kokos kremi
1 keşniş budağı, doğranmışdır
bir çimdik duz

Bütün inqrediyentləri bir tavada bir qaynadək gətirin, örtün və ara-sıra qarışdıraraq düyü aşağı odda təxminən 25 dəqiqə şişsin.

Crab ətli düyü

4 xidmət edir

225 q/8 oz/1 stəkan uzun taxıllı düyü
100 q/4 unsiya xərçəng əti, lopa şəklində
2 dilim zəncəfil kökü, doğranmışdır

15 ml/1 xörək qaşığı soya sousu
15 ml/1 xörək qaşığı düyü şərabı və ya quru şeri
5 ml/1 çay qaşığı fıstıq yağı
5 ml/1 çay qaşığı qarğıdalı unu (qarğıdalı nişastası)
duz və təzə yer bibəri

Düyünü böyük bir tavaya qoyun və qaynadək gətirin. Qapağı örtün və mayenin çox hissəsi udulana qədər təxminən 10 dəqiqə bişirin. Qalan inqrediyentləri qarışdırın, düyünün üstünə düzün, örtün və bişənə qədər aşağı istilikdə daha 20 dəqiqə bişirin. Xidmət vermədən əvvəl maddələri birlikdə qarışdırın.

Lobya ilə düyü

4 xidmət edir

225 q/8 oz/1 stəkan uzun taxıllı düyü
350 q/12 unsiya lobya
30 ml/2 xörək qaşığı soya sousu

Düyü və bulyonu böyük bir tavaya qoyun və qaynadək gətirin. Fasulye əlavə edin, örtün və düyü demək olar ki, yumşaq olana qədər təxminən 20 dəqiqə bişirin. Qapağı çıxarın və mayenin çox hissəsi udulana qədər qaynamağa davam edin. Üzərini örtün və 5 dəqiqə oddan çıxarın və soya sousu ilə səpərək xidmət edin.

Bibərli düyü

4 xidmət edir

225 q/8 oz/1 stəkan uzun taxıllı düyü
2 baş soğan (qab), doğranmış
1 qırmızı bibər, doğranmışdır
45 ml/3 xörək qaşığı soya sousu
30 ml/2 xörək qaşığı fıstıq yağı

5 ml/1 ç.q şəkər

Düyü tavaya qoyun, soyuq su ilə örtün, bir qaynadək gətirin, örtün və yumşaq olana qədər təxminən 20 dəqiqə bişirin. Yaxşı süzün və sonra soğan, bibər, soya sousu, yağ və şəkər əlavə edin. İsti bir qaba köçürün və dərhal xidmət edin.

Qaynadılmış Yumurtalı Düyü

4 xidmət edir

225 q/8 oz/1 stəkan uzun taxıllı düyü

4 yumurta

15 ml/1 xörək qaşığı istiridyə sousu

Düyü tavaya qoyun, soyuq su ilə örtün, bir qaynadək gətirin, örtün və yumşaq olana qədər təxminən 10 dəqiqə bişirin. Süzün və isti bir xidmət qabına düzün. Bu vaxt, bir qaynadək gətirin, diqqətlə yumurtaları qırın və zülallar qurulana qədər bir neçə dəqiqə buraxın, lakin yumurtalar hələ də yaşdır. Yivli qaşıqla tavadan çıxarın və düyünün üstünə düzün. İstiridyə sousu ilə səpərək xidmət edin.

Sinqapur tipli düyü

4 xidmət edir

225 q/8 oz/1 stəkan uzun taxıllı düyü

5 ml/1 çay qaşığı duz

1,2 l/2 pts/5 stəkan su

Düyü yuyun, sonra duz və su ilə bir qazana qoyun. Bir qaynağa gətirin, istiliyi azaldın və düyü yumşaq olana qədər təxminən 15 dəqiqə bişirin. Bir süzgəcdə süzün və xidmət etməzdən əvvəl isti su ilə yuyun.

Yavaş qayıq düyü

4 xidmət edir

225 q/8 oz/1 stəkan uzun taxıllı düyü

5 ml/1 çay qaşığı duz

15 ml/1 xörək qaşığı yağ

750 ml/1¼ bal/3 stəkan su

Düyü yuyun, sonra duz, yağ və su ilə sobaya davamlı qaba qoyun. Üzərini örtün və əvvəlcədən isidilmiş sobada 120°C/250°F/qaz işarəsi ½ temperaturda bütün su çəkilənə qədər təxminən 1 saat bişirin.

Fırında buxarlanmış düyü

4 xidmət edir

225 q/8 oz/1 stəkan uzun taxıllı düyü

5 ml/1 çay qaşığı duz

450 ml/¾ pt/2 stəkan su

Düyü, duz və suyu sobaya davamlı qaba qoyun, örtün və əvvəlcədən isidilmiş sobada 180°C/350°F/qaz işarəsi 4-də təxminən 30 dəqiqə bişirin.

Qızardılmış düyü

4 xidmət edir

225 q/8 oz/1 stəkan uzun taxıllı düyü

750 ml/1¼ bal/3 stəkan su

30 ml/2 xörək qaşığı fıstıq yağı

1 yumurta, döyülmüş

2 diş sarımsaq, əzilmiş

bir çimdik duz

1 soğan, incə doğranmışdır

3 baş soğan (qab), doğranmışdır

2,5 ml/½ çay qaşığı qara qab

Düyü və suyu bir qazana qoyun, bir qaynadək gətirin, örtün və düyü bişənə qədər təxminən 20 dəqiqə bişirin. Yaxşı süzün. 5 ml/1 ç.q. yağı qızdırın və yumurtaya tökün. Dibində sərtləşənə qədər bişirin, sonra çevirin və bərkiənə qədər bişirməyə davam edin. Tavadan çıxarın və zolaqlara kəsin. Yağın qalan hissəsini tavaya sarımsaq və duz ilə birlikdə əlavə edin və sarımsaq açıq qızılı rəng alana qədər qovurun. Soğan və düyü əlavə edib 2 dəqiqə qızardın. Soğanı əlavə edin və 2 dəqiqə qızardın. Pirinç örtülənə qədər qara lobya ilə qarışdırın, sonra yumurta zolaqlarını qarışdırın və xidmət edin.

Badamlı qızardılmış düyü

4 xidmət edir

250 ml/8 fl oz/1 stəkan fıstıq yağı (fındıq).

50 q/2 oz/½ fincan qabıqlı badam

4 yumurta, döyülmüş

450 q/1 lb/3 stəkan bişirilmiş uzun taxıllı düyü

5 ml/1 çay qaşığı duz

3 dilim bişmiş vetçina, zolaqlara kəsilmişdir

2 soğan, incə doğranmışdır

15 ml/1 xörək qaşığı soya sousu

Yağı qızdırın və badamları qızılı rəng alana qədər qızardın. Tavadan çıxarın və mətbəx kağızına süzün. Tavadan yağın çox hissəsini boşaltın, sonra yenidən qızdırın və daim qarışdıraraq yumurtaları tökün. Düyü və duz əlavə edin və 5 dəqiqə bişirin, qaldırın və sürətlə qarışdırın ki, düyü taxılları yumurta ilə örtülmüş olsun. Vetçina, soğan və soya sousunu qarışdırın və daha 2 dəqiqə bişirin. Badamların çoxunu qatlayın və qalan badamlarla bəzəyərək xidmət edin.

Donuz və yumurta ilə qızardılmış düyü

4 xidmət edir

45 ml/3 xörək qaşığı fıstıq yağı
225 q/8 unsiya donuz, doğranmış
1 soğan, incə doğranmışdır
3 yumurta, döyülmüş
225 q/8 oz bişmiş uzun taxıllı düyü

Yağı qızdırın və donuz və soğanı yüngülcə qızarana qədər qızardın. Yumurtaları əlavə edin və yumurtalar demək olar ki, bişənə qədər qarışdırın. Düyü əlavə edin və düyü qızdırılana qədər qarışdırın.

Mal əti qızardılmış düyü

4 xidmət edir

225 q/8 oz yağsız mal əti, zolaqlara kəsilmişdir
15 ml/1 xörək qaşığı qarğıdalı unu (qarğıdalı nişastası)
15 ml/1 xörək qaşığı soya sousu
15 ml/1 xörək qaşığı düyü şərabı və ya quru şeri
5 ml/1 ç.q şəkər
75 ml/5 xörək qaşığı fıstıq yağı
1 soğan, doğranmış
450 q/1 lb/3 stəkan bişirilmiş uzun taxıllı düyü
45 ml/3 xörək qaşığı toyuq bulyonu

Mal əti qarğıdalı unu, soya sousu, şərab və ya şeri və şəkərlə qarışdırılır. Yağın yarısını qızdırın və soğan şəffaflaşana qədər qızardın. Mal əti əlavə edin və 2 dəqiqə qarışdırın. Tavadan çıxarın. Qalan yağı qızdırın, düyü əlavə edin və 2 dəqiqə qarışdırın. Bulyonu əlavə edin və qızdırın. Mal əti və soğan qarışığının yarısını əlavə edin və qızdırılana qədər qarışdırın, sonra isti bir boşqaba köçürün və qalan mal əti və soğan ilə üstünə qoyun.

Kıyılmış mal əti ilə qızardılmış düyü

4 xidmət edir

30 ml/2 xörək qaşığı fıstıq yağı

1 diş sarımsaq, sıxılmış

bir çimdik duz

30 ml/2 xörək qaşığı soya sousu

30 ml/2 xörək qaşığı hoisin sousu

450 q/1 funt qiymə mal əti

1 soğan, dilimlərə kəsin

1 yerkökü, doğranmış

1 pırasa, doğranmış

450 q/1 funt bişmiş uzun taxıl düyü

Yağı qızdırın və sarımsağı və duzu yüngülcə qızarana qədər qızardın. Soya və hoisin souslarını əlavə edin və birləşdirilənə qədər qarışdırın. Mal əti əlavə edin və qızardıncaya qədər qızardın. Tərəvəzləri əlavə edin və yumşaq qədər qızardın, tez-tez qarışdırın. Düyü əlavə edin və daim qarışdıraraq, bişənə və souslarla örtülənə qədər bişirin.

Mal əti və soğan ilə qızardılmış düyü

4 xidmət edir

450g/1lb yağsız mal əti, incə dilimlənmiş

45 ml/3 xörək qaşığı soya sousu

15 ml/1 xörək qaşığı düyü şərabı və ya quru şeri

duz və təzə yer bibəri

15 ml/1 xörək qaşığı qarğıdalı unu (qarğıdalı nişastası)

45 ml/3 xörək qaşığı fıstıq yağı

1 soğan, doğranmış

225 q/8 oz bişmiş uzun taxıllı düyü

Mal əti soya sousu, şərab və ya şeri, duz, istiot və qarğıdalı unu ilə 15 dəqiqə marinat edin. Yağı qızdırın və soğanı açıq qəhvəyi olana qədər qızardın. Mal əti və marinad əlavə edin və 3 dəqiqə qarışdırın. Düyü əlavə edin və bişənə qədər qarışdırın.

Toyuq qızardılmış düyü

4 xidmət edir

225 q/8 oz/1 stəkan uzun taxıllı düyü

750 ml/1¼ bal/3 stəkan su

30 ml/2 xörək qaşığı fıstıq yağı

2 diş sarımsaq, əzilmiş

bir çimdik duz

1 soğan, incə doğranmışdır

3 baş soğan (qab), doğranmışdır

100 q/4 unsiya bişmiş toyuq, doğranmışdır

15 ml/1 xörək qaşığı soya sousu

Düyü və suyu bir qazana qoyun, bir qaynadək gətirin, örtün və düyü bişənə qədər təxminən 20 dəqiqə bişirin. Yaxşı süzün. Yağı qızdırın və sarımsaq açıq qızılı rəng alana qədər sarımsağı və duzu qızardın. Soğanı əlavə edin və 1 dəqiqə qarışdırın. Düyü əlavə edin və 2 dəqiqə qızardın. Soğan və toyuq ətini əlavə edib 2 dəqiqə qovurun. Soya sousunu düyü örtünə qədər qarışdırın.

Ördək qızardılmış düyü

4 xidmət edir

4 qurudulmuş Çin göbələyi
45 ml/3 xörək qaşığı fıstıq yağı
2 baş soğan (kərəviz), dilimlənmiş
225 q/8 unsiya Çin kələmi, doğranmışdır
100 q/4 unsiya bişmiş ördək, doğranmışdır
45 ml/3 xörək qaşığı soya sousu
15 ml/1 xörək qaşığı düyü şərabı və ya quru şeri
350 q/12 oz bişmiş uzun taxıllı düyü
45 ml/3 xörək qaşığı toyuq bulyonu

Göbələkləri 30 dəqiqə isti suda isladın və sonra yuyun. Sapları atın və qapaqları doğrayın. Yağın yarısını qızdırın və soğanı şəffaf olana qədər qızardın. Çin kələmini əlavə edin və 1 dəqiqə qarışdırın. Ördək, soya sousu və şərab və ya şeri əlavə edin və 3 dəqiqə qızardın. Tavadan çıxarın. Qalan yağı qızdırın və düyü yağla örtülənə qədər qarışdırın. Bulyonu əlavə edin, bir qaynadək gətirin və 2 dəqiqə qarışdırın. Ördək qarışığını tavaya qaytarın və xidmət etməzdən əvvəl bişənə qədər qarışdırın.

Jambonlu düyü

4 xidmət edir

30 ml/2 xörək qaşığı fıstıq yağı

1 yumurta, döyülmüş

1 diş sarımsaq, sıxılmış

350 q/12 oz bişmiş uzun taxıllı düyü

1 soğan, incə doğranmışdır

1 yaşıl bibər, doğranmışdır

100 q/4 unsiya vetçina, doğranmış

50 q/2 unsiya su şabalıdı, dilimlənmiş

50 q/2 unsiya bambuk tumurcuqları, doğranmışdır

15 ml/1 xörək qaşığı soya sousu

15 ml/1 xörək qaşığı düyü şərabı və ya quru şeri

15 ml/1 xörək qaşığı istiridyə sousu

Tavada azca zeytun yağı qızdırın və yumurtanı əlavə edin, tavanı üstə çevirin ki, tavaya yayılsın. Alt tərəfi yüngül qızarana qədər bişirin, sonra çevirin və digər tərəfi bişirin. Tavadan çıxarın və doğrayın və sarımsağı açıq qəhvəyi olana qədər qovurun. Düyü, soğan və istiot əlavə edib 3 dəqiqə qarışdırın. Vetçina, şabalıd və bambuk tumurcuqlarını əlavə edib 5 dəqiqə qızardın. Qalanını əlavə edin və təxminən 4 dəqiqə qarışdırın. Üzərinə səpilmiş yumurta zolaqlarını xidmət edin.

Bulyon ilə hisə verilmiş vetçina düyü

4 xidmət edir

30 ml/2 xörək qaşığı fıstıq yağı
3 yumurta, döyülmüş
350 q/12 oz bişmiş uzun taxıllı düyü
600 ml/1 pkt/2½ fincan toyuq suyu
100 q/4 unsiya hisə verilmiş vetçina, doğranmışdır
100 q/4 unsiya bambuk tumurcuqları, dilimlənmiş

Yağı qızdırın və sonra yumurtaları tökün. Onlar bərkiməyə başlayanda düyü əlavə edib 2 dəqiqə qovurun. Bulyonu və vetçina əlavə edin və qaynadək gətirin. 2 dəqiqə qaynadın, sonra bambuk tumurcuqlarını əlavə edin və xidmət edin.

Donuz əti Qızardılmış düyü

4 xidmət edir

45 ml/3 xörək qaşığı fıstıq yağı

3 baş soğan (qab), doğranmışdır

100q/4oz qızardılmış donuz əti, doğranmış

350 q/12 oz bişmiş uzun taxıllı düyü

30 ml/2 xörək qaşığı soya sousu

2,5 ml/½ çay qaşığı duz

2 yumurta, döyülmüş

Yağı qızdırın və soğanı şəffaf olana qədər qızardın. Donuz ətini əlavə edin və yağla örtülənə qədər qarışdırın. Düyü, soya sousu və duz əlavə edib 3 dəqiqə qarışdırın. Yumurtaları əlavə edin və sərtləşməyə başlayana qədər qarışdırın.

Donuz əti və krevetli qızardılmış düyü

4 xidmət edir

45 ml/3 xörək qaşığı fıstıq yağı

2,5 ml/½ çay qaşığı duz

2 baş soğan (qab), doğranmış

350 q/12 oz bişmiş uzun taxıllı düyü

100 q/4 unsiya qızardılmış donuz əti

225 q soyulmuş karides

50 q/2 oz Çin yarpaqları, cırılmış

45 ml/3 xörək qaşığı soya sousu

Yağı qızdırın və duz və soğanı açıq qəhvəyi olana qədər qızardın. Düyü əlavə edin və taxılları parçalamaq üçün qarışdırın. Donuz əti əlavə edin və 2 dəqiqə qarışdırın. Karides, Çin yarpaqları və soya sousunu əlavə edin və birləşdirilənə qədər qarışdırın.

Karidesli qızardılmış düyü

4 xidmət edir

225 q/8 oz/1 stəkan uzun taxıllı düyü

750 ml/1¼ bal/3 stəkan su

30 ml/2 xörək qaşığı fıstıq yağı

2 diş sarımsaq, əzilmiş

bir çimdik duz

1 soğan, incə doğranmışdır

225 q soyulmuş karides

5 ml/1 ç.q soya sousu

Düyü və suyu bir qazana qoyun, bir qaynadək gətirin, örtün və düyü bişənə qədər təxminən 20 dəqiqə bişirin. Yaxşı süzün. Yağı sarımsaq və duz ilə birlikdə qızdırın və sarımsaq açıq qızılı rəng alana qədər qızardın. Düyü və soğanı əlavə edib 2 dəqiqə qızardın. Karides əlavə edin və 2 dəqiqə qarışdırın. Xidmət vermədən əvvəl soya sousunu qarışdırın.

Qızardılmış düyü və lobya

4 xidmət edir

30 ml/2 xörək qaşığı fıstıq yağı
2 diş sarımsaq, əzilmiş
5 ml/1 çay qaşığı duz
350 q/12 oz bişmiş uzun taxıllı düyü
225 q/8 unsiya ağardılmış və ya dondurulmuş noxud, əridilmiş
4 baş soğan (yağ soğan), incə doğranmışdır
30 ml/2 xörək qaşığı incə doğranmış təzə cəfəri

Yağı qızdırın və sarımsağı və duzu yüngülcə qızarana qədər qızardın. Düyü əlavə edin və 2 dəqiqə qızardın. Fasulye, soğan və cəfəri əlavə edin və bişənə qədər bir neçə dəqiqə qızardın. İsti və ya soyuq xidmət edin.

Somon qızardılmış düyü

4 xidmət edir

30 ml/2 xörək qaşığı fıstıq yağı

2 diş sarımsaq, doğranmışdır

2 baş soğan (kərəviz), dilimlənmiş

50 q/2 unsiya qızılbalıq, doğranmış

75 q/3 unsiya ispanaq, doğranmış

150 q/5 oz bişmiş uzun taxıl düyü

Yağı qızdırın və sarımsağı və soğanı 30 saniyə qızardın. Somonu əlavə edib 1 dəqiqə qızardın. İspanağı əlavə edib 1 dəqiqə qızardın. Düyü əlavə edin və bişənə və yaxşı birləşdirilənə qədər qarışdırın.

Xüsusi qızardılmış düyü

4 xidmət edir

60 ml/4 xörək qaşığı fıstıq yağı

1 soğan, incə doğranmışdır

100 q/4 unsiya donuz, doğranmış

50 q/2 unsiya vetçina, doğranmış

50 q/2 unsiya bişmiş toyuq, doğranmışdır

50 q/2 unsiya soyulmuş karides

60 ml/4 xörək qaşığı soya sousu

30 ml/2 xörək qaşığı düyü şərabı və ya quru şeri

duz və təzə yer bibəri

15 ml/1 xörək qaşığı qarğıdalı unu (qarğıdalı nişastası)

225 q/8 oz bişmiş uzun taxıllı düyü

2 yumurta, döyülmüş

100 q/4 unsiya dilimlənmiş göbələk

50 q/2 unsiya dondurulmuş noxud

Yağı qızdırın və soğanı və donuz ətini yüngülcə qızarana qədər qızardın. Vetçina və toyuq əlavə edin və 2 dəqiqə qarışdırın. Karides, soya sousu, şərab və ya şeri, duz, istiot və qarğıdalı unu əlavə edib 2 dəqiqə qarışdırın. Düyü əlavə edin və 2 dəqiqə qızardın. Yumurta, göbələk və lobya əlavə edin və qızdırılana qədər 2 dəqiqə qarışdırın.

On qiymətli düyü

6-8 üçün

45 ml/3 xörək qaşığı fıstıq yağı

1 baş soğan (soğan), doğranmış

100g/4oz yağsız donuz əti, xırdalanmış

1 toyuq göğsü, doğranmışdır

100 q/4 unsiya vetçina, doğranmışdır

30 ml/2 xörək qaşığı soya sousu

30 ml/2 xörək qaşığı düyü şərabı və ya quru şeri

5 ml/1 çay qaşığı duz

350 q/12 oz bişmiş uzun taxıllı düyü

250 ml/8 fl oz/1 fincan toyuq bulyonu

100 q/4 unsiya bambuk tumurcuqları, zolaqlara kəsilmişdir

50 q/2 unsiya su şabalıdı, dilimlənmiş

Yağı qızdırın və soğanı şəffaf olana qədər qovurun. Donuz əti əlavə edin və 2 dəqiqə qarışdırın. Toyuq və vetçina əlavə edin və 2 dəqiqə qızardın. Soya sousu, şeri və duzu qarışdırın. Düyü və bulyonu qarışdırın və qaynadək gətirin. Bambuk tumurcuqları və şabalıd əlavə edin, örtün və 30 dəqiqə qaynatın.

Qızardılmış tuna düyü

4 xidmət edir

30 ml/2 xörək qaşığı fıstıq yağı

2 soğan, dilimlənmiş

1 yaşıl bibər, doğranmışdır

450 q/1 lb/3 stəkan bişirilmiş uzun taxıllı düyü

duz

3 yumurta, döyülmüş

300 q/12 unsiya konservləşdirilmiş ton balığı, lopa

30 ml/2 xörək qaşığı soya sousu

2 soğan, incə doğranmışdır

Yağı qızdırın və soğanı yumşalana qədər qovurun. Bibər əlavə edin və 1 dəqiqə qızardın. Tavanın bir tərəfinə sıxın. Düyü əlavə edin, duz səpin və 2 dəqiqə qarışdırın, istiot və soğanı tədricən qarışdırın. Düyünün ortasında bir deşik açıb, bir az daha yağ tökün və yumurtaları tökün. Demək olar ki, qarışana qədər qarışdırın və düyü ilə qarışdırın. Daha 3 dəqiqə bişirin. Tuna və soya sousunu əlavə edin və yaxşıca qızdırın. Doğranmış soğan ilə səpərək xidmət edin.

Qaynadılmış yumurta əriştə

4 xidmət edir

10 ml/2 çay qaşığı duz
450 q/1 funt yumurta əriştəsi
30 ml/2 xörək qaşığı fıstıq yağı

Bir qazan suyu qaynadək gətirin, duz əlavə edin və əriştə ilə qarışdırın. Qaynadın və tender, lakin hələ də möhkəm olana qədər təxminən 10 dəqiqə bişirin. Yaxşı süzün, soyuq suda yuyun, süzün və sonra isti suda yuyun. Xidmət verməzdən əvvəl zeytun yağı ilə çiləyiniz.

Buxarlanmış yumurta əriştə

4 xidmət edir

10 ml/2 çay qaşığı duz

450g/1lb nazik yumurta əriştəsi

Bir qazan suyu qaynadək gətirin, duz əlavə edin və əriştə ilə qarışdırın. Yaxşı qarışdırın və sonra süzün. Əriştələri süzgəcdə düzün, buxar banyosuna qoyun və qaynar su üzərində təxminən 20 dəqiqə bir az yumşalana qədər buxarlayın.

Əriştə atın

8 xidmət edir

10 ml/2 çay qaşığı duz

450 q/1 funt yumurta əriştəsi

30 ml/2 xörək qaşığı fıstıq yağı

qızardılmış qab

Bir qazan suyu qaynadək gətirin, duz əlavə edin və əriştə ilə qarışdırın. Qaynadın və tender, lakin hələ də möhkəm olana qədər təxminən 10 dəqiqə bişirin. Yaxşı süzün, soyuq suda yuyun, süzün və sonra isti suda yuyun. Yağı qarışdırın və sonra hər hansı bir qızartma qarışığına yumşaq bir şəkildə atın, ləzzətləri qarışdırmaq üçün yumşaq bir şəkildə qızdırın.

Qızardılmış əriştə

4 xidmət edir

225 q/8 unsiya nazik yumurta əriştəsi

duz

dərin qızartmaq üçün yağ

Əriştələri qablaşdırma təlimatlarına uyğun olaraq qaynar duzlu suda qaynadın. Yaxşı süzün. Bir çörək qabına bir neçə qat mətbəx kağızı düzün, əriştələri yayın və bir neçə saat qurumağa buraxın. Yağı qızdırın və əriştə qaşıqlarını qızılı rəng alana qədər təxminən 30 saniyə qızardın. Mətbəx kağızına süzün.

Yumşaq qızardılmış əriştə

4 xidmət edir

350 q/12 unsiya yumurta əriştəsi
75 ml/5 xörək qaşığı fıstıq yağı
duz

Bir qazan suyu qaynadək gətirin, əriştə əlavə edin və əriştə yumşaq olana qədər qaynadın. Süzün və soyuq suda, sonra isti suda yuyun və yenidən süzün. 15 ml/1 xörək qaşığı yağ tökün, soyudun və soyudun. Qalan yağı demək olar ki, siqaret çəkənə qədər qızdırın. Əriştə əlavə edin və yağla örtülənə qədər yumşaq bir şəkildə qarışdırın. İstiliyi azaldın və əriştələr çöldə qızılı qəhvəyi olana qədər, lakin içəridə yumşaq olana qədər bir neçə dəqiqə qarışdırmağa davam edin.

Qızardılmış əriştə

4 xidmət edir

450 q/1 funt yumurta əriştəsi

5 ml/1 çay qaşığı duz

30 ml/2 xörək qaşığı fıstıq yağı

3 soğan (qab), zolaqlara kəsilmişdir

1 diş sarımsaq, sıxılmış

2 dilim zəncəfil kökü, doğranmışdır

100 q/4 oz yağsız donuz əti, zolaqlara kəsilmişdir

100 q vetçina, zolaqlara kəsilmişdir

100 q/4 unsiya soyulmuş karides

450 ml/¬œ pt/2 stəkan toyuq bulyonu

30 ml/2 xörək qaşığı soya sousu

Bir qazan suyu qaynadək gətirin, duz əlavə edin və əriştə ilə qarışdırın. Yenidən bir qaynadək gətirin və təxminən 5 dəqiqə qaynatın, sonra süzün və soyuq suda yuyun.

Bu vaxt, yağı qızdırın və soğanı, sarımsağı və zəncəfili yüngülcə qızarana qədər qızardın. Donuz əti əlavə edin və yüngül rəng alana qədər qarışdırın. Vetçina və karides əlavə edin və bulyon, soya sousu və əriştə ilə qarışdırın. Bir qaynadək gətirin, örtün və 10 dəqiqə qaynatın.

Soyuq əriştə

4 xidmət edir

450 q/1 funt yumurta əriştəsi
5 ml/1 çay qaşığı duz
15 ml/1 xörək qaşığı fıstıq yağı
225 q/8 unsiya lobya cücərtiləri
225 q/8 unsiya qızardılmış donuz əti, doğranmışdır
1 xiyar, zolaqlara kəsilmişdir
12 turp, zolaqlara kəsilmişdir

Bir qazan suyu qaynadək gətirin, duz əlavə edin və əriştə ilə qarışdırın. Qaynadın və tender, lakin hələ də möhkəm olana qədər təxminən 10 dəqiqə bişirin. Yaxşı süzün, soyuq suda yuyun, sonra yenidən süzün. Üzərinə yağı töküb qarışdırın və sonra servis qabına düzün. Digər inqrediyentləri kiçik qablarda əriştə ətrafına düzün. Qonaqlar kiçik qablarda inqrediyent seçimi təklif edirlər.

Əriştə səbətləri

4 xidmət edir

225 q/8 unsiya nazik yumurta əriştəsi

duz

dərin qızartmaq üçün yağ

Əriştələri qablaşdırma təlimatlarına uyğun olaraq qaynar duzlu suda qaynadın. Yaxşı süzün. Bir çörək qabına bir neçə qat mətbəx kağızı düzün, əriştələri yayın və bir neçə saat qurumağa buraxın. Orta süzgəcin içini bir az yağla fırçalayın. Təxminən 1 sm/¬Ω qalınlığında əriştə düz təbəqəsini ələkdə yayın. Kiçik süzgəcin xarici tərəfini yağla yağlayın və böyük olanın içinə yüngülcə sıxın. Yağı qızdırın, iki filtri yağa endirin və əriştə qızılı rəng alana qədər təxminən 1 dəqiqə qızardın. Filtrləri diqqətlə çıxarın, gevşetmək üçün lazım olduqda əriştə kənarlarında bıçaq gəzdirin.

Əriştə pancake

4 xidmət edir

225 q/8 unsiya yumurta əriştəsi
5 ml/1 çay qaşığı duz
75 ml/5 xörək qaşığı fıstıq yağı

Bir qazan suyu qaynadək gətirin, duz əlavə edin və əriştə ilə qarışdırın. Qaynadın və tender, lakin hələ də möhkəm olana qədər təxminən 10 dəqiqə bişirin. Yaxşı süzün, soyuq suda yuyun, süzün və sonra isti suda yuyun. 15 ml/1 xörək qaşığı yağla çiləyiniz. Qalan yağı qızdırın. Qalın bir pancake hazırlamaq üçün tavaya əriştə əlavə edin. Alt tərəfi yüngülcə qızarana qədər qızardın, çevirin və ortada yüngül qızarana qədər qızardın.

Qızardılmış əriştə

4 xidmət edir

4 qurudulmuş Çin göbələyi
450 q/1 funt yumurta əriştəsi
30 ml/2 xörək qaşığı fıstıq yağı
5 ml/1 çay qaşığı duz
3 baş soğan (qab), doğranmışdır
100 q/4 oz yağsız donuz əti, zolaqlara kəsilmişdir
100 q/4 unsiya gül kələm çiçəkləri
15 ml/1 xörək qaşığı qarğıdalı unu (qarğıdalı nişastası)
250 ml/8 fl oz/1 fincan toyuq bulyonu
15 ml/1 xörək qaşığı susam yağı

Göbələkləri 30 dəqiqə isti suda isladın və sonra yuyun. Sapları atın və qapaqları kəsin. Bir qazan suyu qaynadək gətirin, əriştə əlavə edin və 5 dəqiqə qaynadın, sonra süzün. Yağı qızdırın və duz və soğanı 30 saniyə qızardın. Donuz əti əlavə edin və yüngül rəng alana qədər qarışdırın. Karnabahar və göbələkləri əlavə edib 3 dəqiqə qızardın. Qarğıdalı unu və bulyonu qarışdırın, tavaya qarışdırın, bir qaynadək gətirin, örtün və hərdən qarışdıraraq 10 dəqiqə bişirin. Ayrı bir tavada küncüt yağını qızdırın, əriştə əlavə edin və açıq qəhvəyi olana qədər orta odda yüngülcə qarışdırın.

İsti bir xidmət qabına köçürün, donuz qarışığını üzərinə tökün və xidmət edin.

Mal əti əriştəsi

4 xidmət edir

350 q/12 unsiya yumurta əriştəsi
45 ml/3 xörək qaşığı fıstıq yağı
450 q/1 funt qiymə mal əti
duz və təzə yer bibəri
1 diş sarımsaq, sıxılmış
1 soğan, incə doğranmışdır
250 ml/8 fl oz/1 stəkan mal əti bulyonu
100 q/4 unsiya dilimlənmiş göbələk
2 sap kərəviz, doğranmışdır
1 yaşıl bibər, doğranmışdır
30 ml/2 xörək qaşığı qarğıdalı unu (qarğıdalı nişastası)
60 ml/4 xörək qaşığı su
15 ml/1 xörək qaşığı soya sousu

Əriştələri qaynar suda təxminən 8 dəqiqə yumuşayana qədər bişirin, sonra süzün. Bu vaxt, yağı qızdırın və mal əti, duz, istiot, sarımsaq və soğan yüngülcə qızarana qədər qovurun. Bulyonu, göbələyi, kərəvizi və istiotu əlavə edin, bir qaynadək gətirin, örtün və 5 dəqiqə qaynatın. Qarğıdalı unu, su və soya sousunu bir pasta halına salın, tavada qarışdırın və sous qalınlaşana qədər qarışdıraraq bişirin. Əriştələri isti boşqaba düzün və üzərinə mal əti və sousu tökün.

Toyuq ilə ərişta

4 xidmət edir

350 q/12 unsiya yumurta əriştəsi
100 q/4 unsiya lobya cücərtiləri
45 ml/3 xörək qaşığı fıstıq yağı
2,5 ml/¬Ω çay qaşığı duz
2 diş sarımsaq, doğranmışdır
2 baş soğan (qab), doğranmış
100 q/4 unsiya bişmiş toyuq, doğranmış
5 ml/1 çay qaşığı küncüt yağı

Bir qazan suyu qaynadək gətirin, ərişta əlavə edin və yumşaq qədər bişirin. Lobya cücərtilərini 3 dəqiqə qaynar suda ağardın, sonra süzün. Yağı qızdırın və duz, sarımsaq və soğanı yumşalana qədər qovurun. Toyuq əlavə edin və örtülənə qədər qarışdırın. Fasulye cücərtilərini əlavə edin və qızdırın. Əriştələri yaxşıca süzün, soyuq suda, sonra isə isti suda yuyun. Üzərinə küncüt yağı töküb isti boşqaba düzün. Üstünə toyuq qarışığı töküb xidmət edin.

Crab əti ilə əriştə

4 xidmət edir

350 q/12 unsiya yumurta əriştəsi
45 ml/3 xörək qaşığı fıstıq yağı
3 baş soğan (qab), doğranmışdır
2 dilim zəncəfil kökü, zolaqlara kəsilmişdir
350 q/12 unsiya xərçəng əti, lopa şəklində
5 ml/1 çay qaşığı duz
15 ml/1 xörək qaşığı düyü şərabı və ya quru şeri
15 ml/1 xörək qaşığı qarğıdalı unu (qarğıdalı nişastası)
30 ml/2 xörək qaşığı su
30 ml/2 xörək qaşığı şərab sirkəsi

Bir qazan suyu qaynadək gətirin, əriştə əlavə edin və yalnız yumşaq olana qədər 10 dəqiqə qaynatın. Bu vaxt, 30 ml/2 xörək qaşığı yağı qızdırın və açıq qəhvəyi rəngə qədər soğan və zəncəfil qızardın. Xərçəng əti və duz əlavə edin, 2 dəqiqə qarışdırın. Şərab və ya şeri əlavə edin və 1 dəqiqə qarışdırın. Qarğıdalı unu və suyu bir pasta halında qarışdırın, tavaya qarışdırın və qalınlaşana qədər qarışdıraraq qaynamağa icazə verin. Əriştələri süzüb soyuq suda, sonra isə isti suda yuyun. Qalan zeytun yağını töküb ılıq süfrəyə düzün. Xərçəng əti qarışığı ilə üstünə qoyun və sirkə səpərək xidmət edin.

Karri sousunda əriştə

4 xidmət edir

450 q/1 funt yumurta əriştəsi

5 ml/1 çay qaşığı duz

30 ml/2 xörək qaşığı köri tozu

1 soğan, dilimlənmiş

75 ml/5 xörək qaşığı toyuq bulyonu

100 q/4 unsiya qızardılmış donuz əti, doğranmışdır

120 ml/4 fl oz/¬Ω fincan ketçup (katsup)

15 ml/1 xörək qaşığı hoisin sousu

duz və təzə yer bibəri

Bir qazan suyu qaynadək gətirin, duz əlavə edin və əriştə ilə qarışdırın. Qaynadın və tender, lakin hələ də möhkəm olana qədər təxminən 10 dəqiqə bişirin. Yaxşı süzün, soyuq suda yuyun, süzün və sonra isti suda yuyun. Bu vaxt quru tavada 2 dəqiqə köri tozunu bişirin və qabı silkələyin. Soğanı əlavə edin və yaxşı örtülənə qədər qarışdırın. Bulyonu qarışdırın, sonra donuz əti əlavə edin və qaynadək gətirin. Pomidor ketçupunu, hoisin sousunu, duz və istiotu qarışdırın və qızdırılana qədər qarışdırın. Əriştələri isti bir qaba düzün, üzərinə sousu tökün və xidmət edin.

Dan-Dan əriştəsi

4 xidmət edir

100 q/4 unsiya yumurta əriştəsi
45 ml/3 xörək qaşığı xardal
60 ml/4 xörək qaşığı küncüt sousu
60 ml/4 xörək qaşığı fıstıq yağı
20 ml/4 çay qaşığı duz
4 baş soğan (qab), doğranmış
60 ml/4 xörək qaşığı soya sousu
60 ml/4 xörək qaşığı yer fıstığı, üyüdülmüş
60 ml/4 xörək qaşığı toyuq bulyonu

Əriştələri qaynar suda təxminən 10 dəqiqə bişənə qədər bişirin, sonra yaxşıca süzün. Qalan inqrediyentləri qarışdırın, əriştə üzərinə tökün və xidmət etməzdən əvvəl yaxşıca qarışdırın.

Yumurta sousu ilə əriştə

4 xidmət edir

225 q/8 unsiya yumurta əriştəsi
750 ml/1¬° səviyyə/3 stəkan toyuq bulyonu
45 ml/3 xörək qaşığı soya sousu
45 ml/3 xörək qaşığı düyü şərabı və ya quru şeri
15 ml/1 xörək qaşığı fıstıq yağı
3 soğan (qab), zolaqlara kəsilmişdir
3 yumurta, döyülmüş

Bir qaynadək su gətirin, əriştə əlavə edin, qaynadək gətirin və 10 dəqiqə yumşaq olana qədər bişirin. Süzün və isti bir xidmət qabına düzün. Bu vaxt, soya sousu və şərab və ya şeri ilə şorbanı qaynadək gətirin. Tavada yağı qızdırın və soğanları yumşalana qədər qovurun. Yumurtaları əlavə edin, isti bulyonda qarışdırın və qarışıq bir araya gələnə qədər orta istilikdə qarışdırmağa davam edin. Əriştələrin üzərinə sousu töküb süfrəyə verin.

Zəncəfil və soğan əriştəsi

4 xidmət edir

900 ml/1¬Ω pts/4¬° fincan toyuq suyu

15 ml/1 xörək qaşığı fıstıq yağı

225 q/8 unsiya yumurta əriştəsi

2,5 ml/¬Ω çay qaşığı küncüt yağı

4 baş soğan (xırda doğranmış soğan).

2 dilim zəncəfil kökü, rəndələnmişdir

15 ml/1 xörək qaşığı istiridyə sousu

Bir qaynağa gətirin, yağ və əriştə əlavə edin və tenderə qədər təxminən 15 dəqiqə bişirin. Əriştələri isti boşqaba köçürün və susam yağı, soğan və zəncəfil əlavə edin. Tərəvəzlər yumşaq olana və ehtiyatı azalana qədər 5 dəqiqə qaynadın. Tərəvəzləri bir az bulyon ilə əriştə üzərinə tökün. İstiridyə sousu ilə çiləyiniz və dərhal xidmət edin.

İsti və turş əriştə

4 xidmət edir

225 q/8 unsiya yumurta əriştəsi

15 ml/1 xörək qaşığı soya sousu

15 ml/1 xörək qaşığı bibər yağı

15 ml/1 xörək qaşığı qırmızı şərab sirkəsi

1 diş sarımsaq, sıxılmış

2 baş soğan (qab), doğranmış

5 ml/1 çay qaşığı təzə doğranmış bibər

Əriştələri qaynar suda təxminən 10 dəqiqə bişənə qədər bişirin. Yaxşı süzün və isti bir xidmət qabına köçürün. Qalan inqrediyentləri qarışdırın, əriştə üzərinə tökün və xidmət etməzdən əvvəl yaxşıca qarışdırın.

Ət sousunda əriştə

4 xidmət edir

4 qurudulmuş Çin göbələyi

30 ml/2 xörək qaşığı fıstıq yağı

225 q/8 oz yağsız donuz əti, dilimlənmiş

100 q/4 unsiya dilimlənmiş göbələk

4 soğan (qab), dilimlənmiş

15 ml/1 xörək qaşığı soya sousu

15 ml/1 xörək qaşığı düyü şərabı və ya quru şeri

600 ml/1 pt/2¬Ω stəkan toyuq bulyonu

350 q/12 unsiya yumurta əriştəsi

30 ml/2 xörək qaşığı qarğıdalı unu (qarğıdalı nişastası)

2 yumurta, yüngülcə döyülmüş

duz və təzə yer bibəri

Göbələkləri 30 dəqiqə isti suda isladın və sonra yuyun. Sapları atın və qapaqları kəsin. Yağı qızdırın və donuz ətini yüngülcə qızarana qədər qızardın. Qurudulmuş və təzə göbələkləri və soğanı əlavə edin və 2 dəqiqə qarışdırın. Soya sousunu, şərabı və ya şeri və bulyonu əlavə edin, bir qaynadək gətirin, örtün və 30 dəqiqə qaynatın.

Bu vaxt, tava bir qaynağa gətirin, əriştə əlavə edin və əriştə yumşaq, lakin hələ də möhkəm olana qədər təxminən 10 dəqiqə qaynatın. Süzün, soyuq, sonra isti suda yuyun və yenidən süzün və ılıq bir qabda düzün. Qarğıdalı unu bir az su ilə qarışdırın, tavaya qarışdırın və sous təmizlənənə və qalınlaşana qədər qarışdıraraq qaynamağa icazə verin. Tədricən yumurtaları qarışdırın və duz və istiot əlavə edin. Xidmət etmək üçün əriştə üzərinə sousu tökün.

Qızardılmış yumurta ilə əriştə

4 xidmət edir

350 q/12 unsiya düyü əriştəsi

4 yumurta

30 ml/2 xörək qaşığı fıstıq yağı

1 diş sarımsaq, doğranmışdır

100 q/4 oz bişmiş vetçina, incə dilimlənmiş

45 ml/3 xörək qaşığı tomat püresi (pasta)

120 ml/4 fl oz/¬Ω stəkan su

5 ml/1 ç.q şəkər

5 ml/1 çay qaşığı duz

soya sousu

Bir qazan suyu qaynadək gətirin, əriştə əlavə edin və bişənə qədər təxminən 8 dəqiqə bişirin. Süzün və soyuq suda yuyun. Yuva şəklində ılıq süfrəyə düzün. Bu vaxt, yumurtaları çırpın və hər yuvaya bir qoyun. Yağı qızdırın və sarımsağı 30 saniyə qarışdırın. Vetçina əlavə edin və 1 dəqiqə qarışdırın. Soya sousundan başqa hər şeyi əlavə edin və qızdırılana qədər qarışdırın. Yumurtaların üzərinə tökün, soya sousu səpin və dərhal xidmət edin.

Donuz əti və tərəvəz ilə əriştə

4 xidmət edir

350 q/12 unsiya düyü əriştəsi

75 ml/5 xörək qaşığı fıstıq yağı

225 q/8 oz yağsız donuz əti, doğranmışdır

100 q/4 unsiya bambuk tumurcuqları, xırdalanmış

100 q/4 unsiya Çin kələmi, doğranmışdır
450 ml/¬œ pt/2 stəkan toyuq bulyonu
10 ml/2 çay qaşığı qarğıdalı unu (qarğıdalı nişastası)
45 ml/3 xörək qaşığı su

Əriştə bişənə qədər təxminən 6 dəqiqə qaynadın, lakin yenə də möhkəm və süzün. 45 ml/3 xörək qaşığı yağı qızdırın və donuz ətini 2 dəqiqə qızardın. Bambuk tumurcuqları və kələm əlavə edin və 1 dəqiqə qarışdırın. Bulyonu əlavə edin, bir qaynadək gətirin, örtün və 4 dəqiqə bişirin. Qarğıdalı unu və suyu qarışdırın, tavaya qarışdırın və sous qalınlaşana qədər qarışdıraraq bişirin. Qalan yağı qızdırın və əriştə açıq qəhvəyi rəngə qədər qızardın. İsti bir boşqaba köçürün, üzərinə donuz əti qarışığı qoyun və xidmət edin.

Kıyılmış donuz əti ilə şəffaf əriştə

4 xidmət edir
200 q/7 unsiya şəffaf əriştə
dərin qızartmaq üçün yağ
75 ml/5 xörək qaşığı fıstıq yağı
225 q/8 unsiya qiymə (qiymə) donuz əti

25q/1oz bibər paxlası

2 baş soğan (qab), doğranmış

1 diş sarımsaq, doğranmışdır

1 dilim zəncəfil kökü, doğranmışdır

5 ml/1 çay qaşığı bibər tozu

250 ml/8 fl oz/1 fincan toyuq bulyonu

30 ml/2 xörək qaşığı düyü şərabı və ya quru şeri

30 ml/2 xörək qaşığı soya sousu

duz

Yağ qaynayana qədər qızdırın və əriştə genişlənənə qədər qızardın. Çıxarın və boşaltın. 75 ml/5 xörək qaşığı yağı qızdırın və donuz ətini qəhvəyi rəngə qədər qızardın. Fasulye pastası, baş soğan, sarımsaq, zəncəfil və çili tozunu qarışdırın və 2 dəqiqə qızardın. Bulyonu, şərabı və ya şeri, soya sousu və əriştə ilə qarışdırın və sous qalınlaşana qədər bişirin. Xidmət vermədən əvvəl dadmaq üçün duz edin.

Yumurta qabığı

12 edir

225 q/8 unsiya/2 stəkan adi (ümumməqsədli) un

1 yumurta, döyülmüş

2,5 ml/¬Ω çay qaşığı duz

120 ml/4 fl oz/¬Ω stəkan buzlu su

Bütün maddələri birlikdə qarışdırın və hamar və elastik olana qədər yoğurun. Üzərini nəm bir parça ilə örtün və 30 dəqiqə soyuducuya qoyun. Unlu səthdə kağız nazikləşənə qədər yayın, sonra kvadratlara kəsin.

Bişmiş yumurta qabığı

12 edir

175 q/6 oz/1¬Ω stəkan adi (ümumməqsədli) un
2,5 ml/¬Ω çay qaşığı duz
2 yumurta, döyülmüş
375 ml/13 fl oz/1¬Ω stəkan su

Un və duzu qarışdırın və sonra yumurtaları əlavə edin. Yavaş-yavaş su əlavə edərək hamar bir xəmir əldə edin. Kiçik bir qabı yüngülcə yağlayın və sonra 30ml/2 xörək qaşığı xəmiri tökün, qabı əyərək səthə bərabər yaydırın. Xəmir qabın kənarlarından büzüldükdə, onu çıxarın və dərinin qalan hissəsini bişirərkən nəm bir parça ilə örtün.

Çin pancake

4 xidmət edir

250 ml/8 fl oz/1 stəkan su
225 q/8 unsiya/2 stəkan adi (ümumməqsədli) un
qızartmaq üçün fıstıq yağı (fıstıq).

Suyu qaynadın və sonra yavaş-yavaş unu əlavə edin. Xəmir yumşaq olana qədər yüngülcə yoğurun, üzərini nəm dəsmal ilə örtün və 15 dəqiqə buraxın. Unlu bir səthə yayın və uzun bir silindr şəklində düzəldin. 2,5 sm/1 dilimlərə kəsin və sonra təxminən 5 mm/¬° qalınlığa yuvarlayın və zirvələri yağla fırçalayın. Yağlanmış səthə toxunaraq cüt-cüt yığın və çölünü unla yüngülcə tozlayın. Köftələri təxminən 10 sm/4 diametrdə açın və yüngül qızarana qədər hər tərəfdən təxminən 1 dəqiqə cüt-cüt bişirin. Xidmətə hazır olana qədər ayırın və yığın.

Wonton Skins

Təxminən 40 edir

450 q/1 lb/2 stəkan adi (ümumməqsədli) un

5 ml/1 çay qaşığı duz

1 yumurta, döyülmüş

45 ml/3 xörək qaşığı su

Un və duzu süzün və ortasında quyu açın. Yumurta ilə qarışdırın, su ilə səpin və qarışığı hamar bir xəmirə yoğurun. Bir qaba qoyun, nəm bir parça ilə örtün və 1 saat soyuducuya qoyun.

Xəmiri unlanmış səthdə nazik və bərabər olana qədər yayın. 7,5 sm/3 zolaqlara kəsin, unla yüngülcə tozlayın və sonra kvadratlara yığın. İstifadəyə hazır olana qədər nəm bir parça ilə örtün.

İstiridye ilə qulançar

4 xidmət edir

120 ml/4 fl oz/½ fincan fıstıq yağı (fındıq).
1 qırmızı bibər, zolaqlara kəsilmişdir
2 soğan (qab), zolaqlara kəsilmişdir
2 dilim zəncəfil kökü, rəndələnmişdir
225 q/8 unsiya qulançar, parçalara kəsilmiş
30 ml/2 xörək qaşığı qalın soya sousu
2,5 ml/½ çay qaşığı küncüt yağı
225 q/8 unsiya midye balığı, isladılmış və yuyulmuşdur

Yağı qızdırın və çili bibərini, soğanı və zəncəfili 30 saniyə qızardın. Qulançar və soya sousunu əlavə edin, örtün və qulançar demək olar ki, yumşaq olana qədər bişirin. Küncüt yağı və istiot əlavə edin, örtün və giləmeyvə açılana qədər bişirin. Açılmamış istiotu atın və dərhal xidmət edin.

Yumurta sousu ilə qulançar

4 xidmət edir

450 q/1 funt qulançar

45 ml/3 xörək qaşığı fıstıq yağı

30 ml/2 xörək qaşığı düyü şərabı və ya quru şeri

duz

250 ml/8 fl oz/1 fincan toyuq bulyonu

15 ml/1 xörək qaşığı qarğıdalı unu (qarğıdalı nişastası)

1 yumurta, yüngülcə döyülmüş

Kuşkonmazı kəsin və 5 sm/2 hissəyə kəsin. Yağı qızdırın və yumşaq, lakin hələ də xırtıldayan qədər təxminən 4 dəqiqə qulançarları qarışdırın. Şərab və ya şeri və duz ilə səpin. Bu vaxt, bulyon və qarğıdalı unu bir qaynadək gətirin, qarışdırın və duz əlavə edin. Yumurtaya bir az isti bulyon qarışdırın, sonra yumurtanı tavaya əlavə edin və sous qalınlaşana qədər qarışdıraraq bişirin. Qulançarları qaynar boşqaba düzün, üzərinə sousu tökün və dərhal xidmət edin.

www.ingramcontent.com/pod-product-compliance
Lightning Source LLC
Chambersburg PA
CBHW050348120526